13歳からの教育勅語

国民に何をもたらしたのか

岩本 努

マンガ たけしまさよ

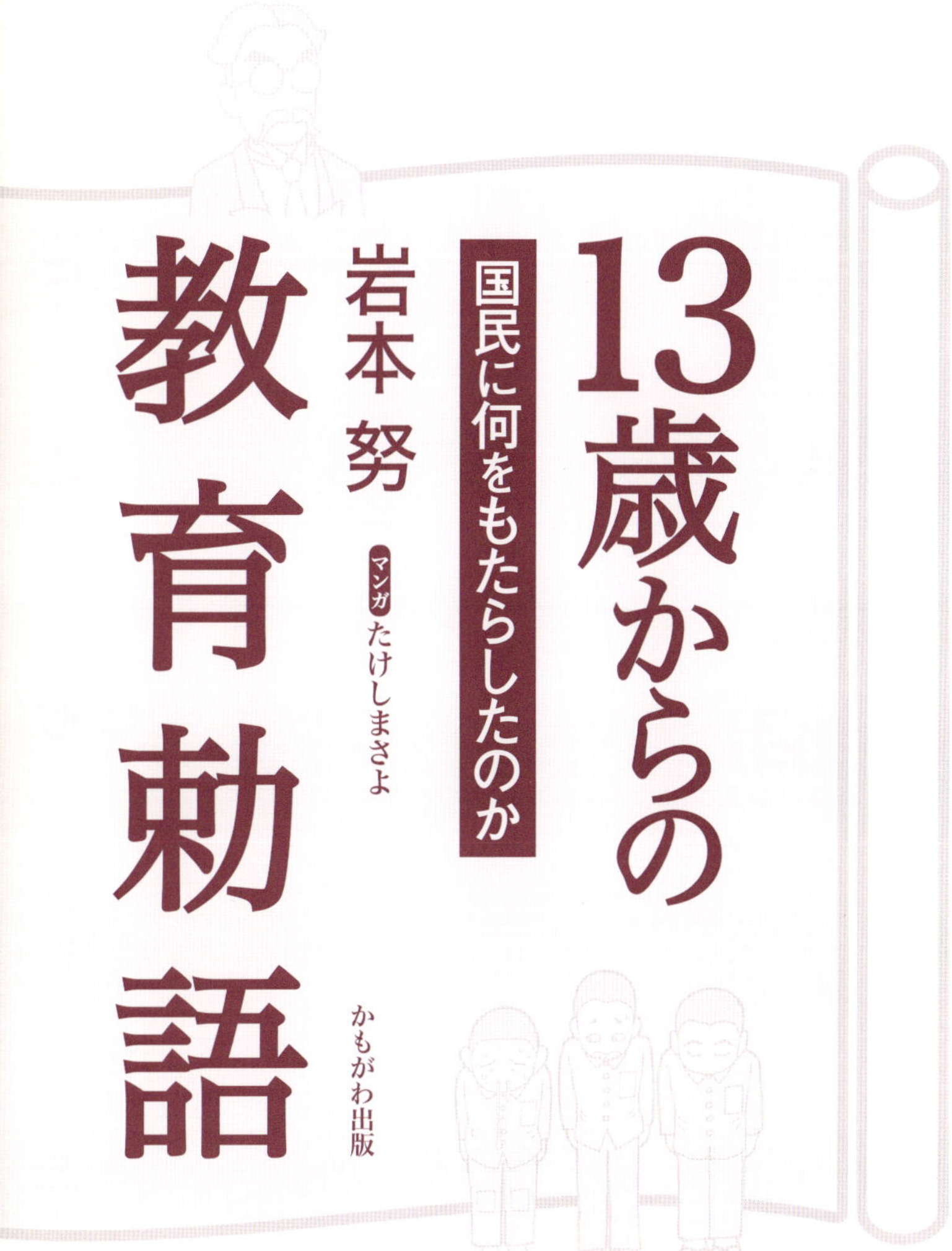

かもがわ出版

まえがき

教育勅語《ちょくご》は正式には「教育ニ関スル勅語」。勅語とは天皇のことばのこと。教育勅語は一八九〇(明治二三) 年一〇月三〇日に明治天皇の名前で渙発《かんぱつ》されたものです。渙発とは天皇の詔勅や勅語を広く発布することです。二〇一七年には大阪の私立幼稚園で園児が教育勅語を唱和していることが、広く報道されましたから、教育勅語ということばを耳にすることも多くなったのではないでしょうか。

教育勅語のことは教科書でも扱いが大きくなってきています。以前の教科書には「(明治) 憲法発布の翌年には教育勅語が出されて、忠君愛国の道徳が示され、教育の柱とされるとともに、国民の精神的、道徳的なよりどころとされました」(二〇〇三年発行、東京書籍版、中学歴史) とのみ書かれていましたが、近年の教科書では教育勅語の内容の紹介が資料で紹介されることが多く、「近代日本人の生き方に大きな影響をあたえた」(二〇一七年発行、自由社版、中学歴史) とまで書かれています。

教育勅語はなぜ出されたのか、そこにはどのようなことが書かれていたのか、教育勅語が出されたことによって、学校教育にどのような影響があったのか、また、教育勅語は子どもたちにはどのようなものであったのか、教育勅語は教職員や国民にどのような影響を与えたのか、戦争が終わってから廃止されたのはなぜか、そのことを考えていくために本書は企画されました。また二〇一八年度から小学校では道徳の教科書が使われることになりました。明治期の（正確にいうと一八八〇〈明治一三〉年以降）の小学校では、修身という学科が最も重視された科目でした。修身は現在の道徳にあたり、教育勅語の教えを中心に教えた科目です。二〇一八年度からはじまる「特別の学科」である道徳科は修身の〝復活〟ではないのか。さらに現在の学校では「日の丸」掲揚の下で入学式、始業式、終業式、卒業式、創立記念式、など儀式が重視されてきています。そのことと教育勅語はどうつながっているのかも考えていかなければなりません。本書はその参考にしていただくためのものでもあります。

教育勅語が「近代日本人の生き方に大きな影響をあたえた」というのは事実です。本書ではその「事実」を具体的な事例で考えることに重点をおきました。このように書かれた教科書を手にする中学生・高校生、指導にあたる親・教師の方々に手にとっていただけたら幸いです。

13歳からの教育勅語

国民に何をもたらしたのか

もくじ

装幀　加門　啓子
装画　たけしまさよ

第Ⅰ部

教育勅語とは何？
どのように教えられたの？

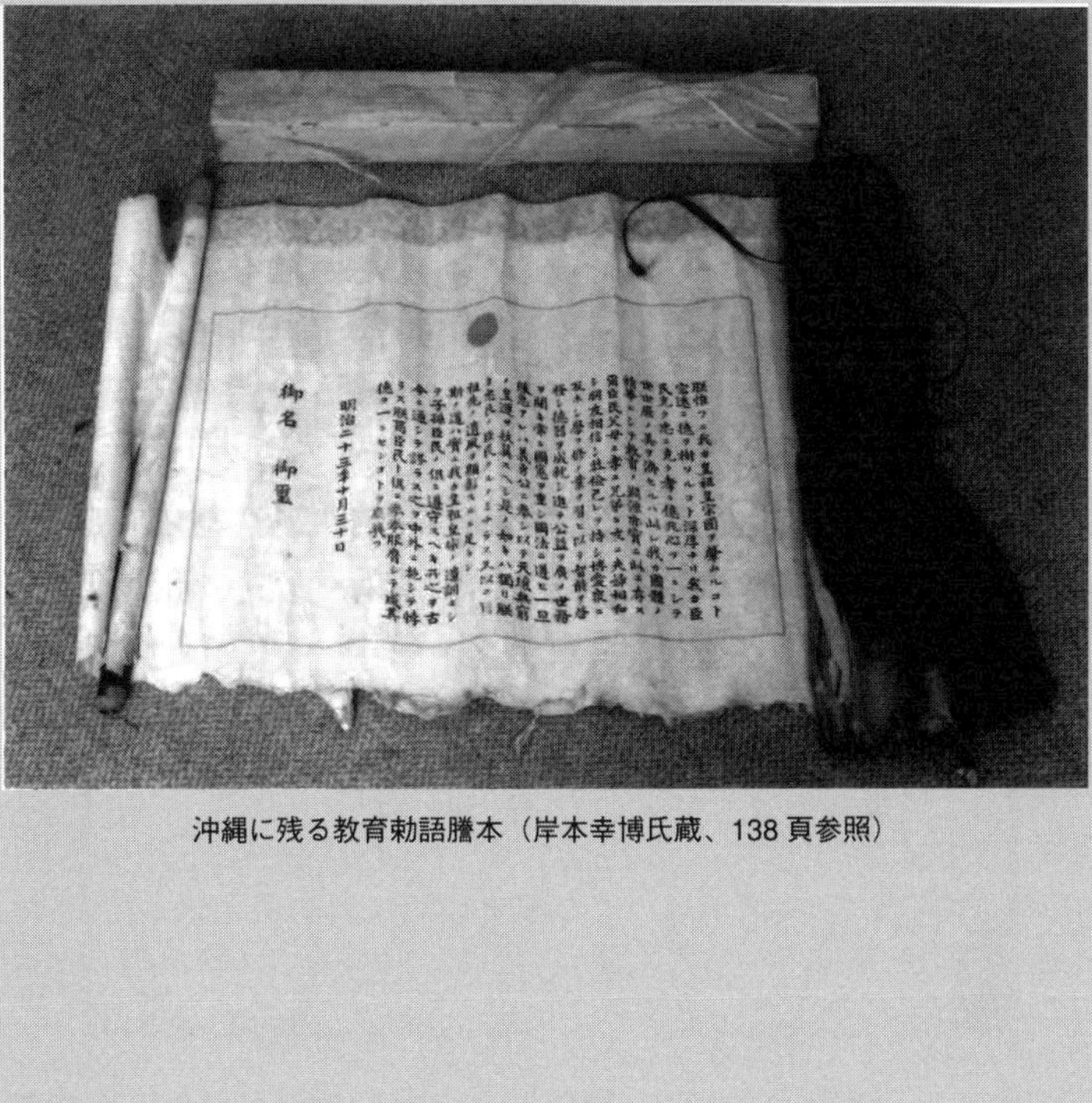

沖縄に残る教育勅語謄本（岸本幸博氏蔵、138 頁参照）

それって何？

「教育勅語」って何？
チョクゴとは陛下のおことばだ
式の時は必ずホードク（読む）するんだ
ズ
校長先生が読んでる間オレらはずっと頭を下げてる
ハナをすすったりしたらすごく怒られるんだ
うわ固苦しい
そんなのよくガマンできるわね
そりゃ楽しくはないけど
おいっ
ズ
おわったらミカンやまんじゅうがもらえるんだよ♪
完全にアメとムチね

あらためて

で「教育勅語」って
結局何？
ズ
……
よくわからない
チンがコソコソとかフーフはイワシとか言ってるけど
？
イワシ？
？
とりあえず下向いてたらその内おわる
そーか！長いモノには巻かれろの教訓なんだね
ちょっと…

心をひとつに

＊現代の子どもは、抗生物質入りのエサで育った家畜を食べるせいで、細菌感染はほとんどなくなったかわりに、アレルギー体質になった。

下へ行くほど

*侍講……天皇に書物を勧めたり教えたりする係。

1. 私にとっての教育勅語

教育勅語について執筆しようとする私も教育勅語による教育を受けたことはありません。生まれたのは一九四二(昭和一七)年、太平洋戦争が始まった翌年。小学校に入ったのは、戦後の一九四八年。新しい憲法が施行された翌年、かつ義務教育が小学校六年、中学校三年という六三制が開始された翌年です。本書でも後にふれますが、一九四八年六月には、国会の衆参両院で教育勅語の廃止が決議され、学校から教育勅語謄本などが回収されますから、小学校で教育勅語についての体験をすることはなかったのです。

そんな私が、教育勅語に関心をもち、勉強をはじめた動機は三つあると思います。このことは拙著『教育勅語の研究』(二〇〇一年、民衆社)に書いたことがありますが、お読みでない方のためくりかえすことをお許しいただきたく思います。

教育勅語に私が興味をもったきっかけの一つ目は、「ギョメイ　ギョジ」ということばの意味を知ったことでした。「ギョメイ　ギョジ」とは縁台将棋で出会いました。縁台将棋とは、夏の暑い日にオジさんたちが夕涼みがてら道端の縁台でやる将棋のことです。小学校二、三年生のころ、その縁台将棋で私は将棋を覚えたのですが、オジさんたちは、終わりそうになると、「どうだ、ギョ

メイ　ギョジだろう?」「そうだな、ギョメイ　ギョジだな」ということばを発していました。王様の逃げ道がなくなると、この言葉が出るのです。このことばで勝負がつくので、私は「ギョメイギョジ」は将棋の終わるときのことばだと思っていました。中学、高校時代は縁台将棋から遠ざかりましたから、「ギョメイ　ギョジ」を耳にすることはありませんでしたが、大学生になり、教育史を勉強して驚きました。「ギョメイ　ギョジ」とは「御名御璽」で天皇の名前と印鑑のこと、教育勅語の最後に出てくることばだと知ったのです。将棋とは何の関係もありませんでした。

では、縁台将棋のオジさんたちは、終局になぜ「ギョメイ　ギョジ」ということばを発していたのでしょうか。教育勅語が出されてから、学校では儀式が大変重視されるようになりました。儀式では、天皇・皇后の肖像写真・御真影《ごしんえい》には最敬礼をさせられるし、フロックコートを着て、白手袋をはめた校長が重々しく教育勅語を朗読している間も、子どもたちは頭を下げていなければなりません。教育勅語の朗読時間は二〜三分。意味もよくわからない朗読を低頭して聞いているのは苦痛です。それも「ギョメイ　ギョジ」ということばを聞けば終わりです。やっと終わったぞ、これで低頭から解放される、式が終わればまんじゅうか菓子が配られて学校から帰れるぞという期待に胸をはずませました。ということから、ものごとの終わりを意味することばとして「ギョメイ　ギョジ」は流用されてきたのです。教育勅語が子どもたちにとってどんなものであったのかを知る思いがしました。

二つ目は、学生時代に父から譲り受けた資料にあった「315字」のメモとの出会い。父は元静岡県の小学校の訓導でした。訓導とは戦前の小学校教師の正式名称で現在の教諭に当たります。

父は一九三九（昭和一四）年九月一六日から一〇月一二日まで四週間にわたって、富士山麓の富士道場で開かれた「第六回　国民精神文化長期講習会」（文部省教学局・静岡県主催）に参加しました。輪番で参加することになったのでしょう。その講習会で配布された資料やパンフレットを、父は一括してファイルしていました。そのファイルには、一日のスケジュール（朝五時起床、禊《みそぎ》（注）、国旗掲揚及び君が代奉唱、遥拝《ようはい》〈皇大神宮・宮城《きゅうじょう》〉などもありましたが、ガリ版刷りの「教育ニ関スル勅語」も綴じられていました。その「教育ニ関スル勅語」の欄外に父の鉛筆字で「315字」とメモされているのが目にとまりました。この意味を父に問うとこんな答えがかえってきました。「授業で教育勅語を教えなければならないことはしばしばあったが、コピー機がないその当時は、教師がガリ版で書かなければならなかった。勅語全文を書くとき、漢字がカナになったり、カナの部分が漢字になっていては、大変不敬なことになる。その全文が誤りのないことを点検する第一歩が315字で書いてあるかを数えることである。この数字をしっかりと覚えておかなければならないと講習を受けた」。315字は教師にとって脅威の数字だったのです。

（注）禊＝川や水で身体を洗い清めること。皇大神宮＝三重県伊勢市にある伊勢神宮。皇室の祖先神である天照大神を祭っている。宮城＝皇居。

三つ目は、河野通保氏との出会いです。河野氏は一九三三（昭和八）年に出された『学校事件の教育的法律的実際研究』の著者。少し専門的になりますが、この本には一九二〇年代から一九三〇年代初期にかけておこった学校をめぐる事件を「東京朝日新聞」「東京日日新聞」（「毎日新聞」の前身）の記事から克明にひろい、予防策と解決策が書いてありました。私は「事件」を広く捜し、整理した著者の根気と努力にほとほと感心し、学生時代からしばしばこの本を利用してきました。一九七三年四月のはじめ、私は国会図書館でこの本の必要個所をコピーし、昼過ぎには帰宅の途につきました。その頃、間もなく三歳になる長男が麻疹《はしか》で発熱して臥《ふ》せていたので、看病を妻と交代するために早めに図書館をあとにしたのです。新宿で地下鉄丸ノ内線から京王線に乗り継ぎました。電車はまだ空いていました。私の隣に老紳士が座りました。私は鞄からコピーを取り出し、読み始めました。すると、隣の老紳士がさかんに私のコピーを覗《のぞ》き込むのです。覗き込まれるほうは気分のよいものではありません。新宿から当時は三つ目の笹塚駅を過ぎたあたりでしょうか。老紳士が声をかけてきました。「ご熱心ですね」。驚いて黙っていると、「それは私が書いたものですよ」と続けるではありませんか。私はすぐには返答できませんでした。「えっ、河野氏!?」。こんな奇遇があるのだろうか。老紳士は名刺を出しました。「弁護士　河野通保」。名刺にはそう書かれていました。「私はここに住んでいますから、ぜひ遊びにきてください」と名刺の住所を指し示し、笹塚から二つ目の明大前駅で降りていきました。こちらもびっくりしましたが、四〇年前の自分の著作のコピーを読んでいる人間と電車で隣り合ったのですから、河野氏も驚いたにちがいありません。その後、私は河野氏の自宅に二度伺うことになり、教育史上の法律的なことで教えを請うことになりますが、教育勅語や御真影の事件簿をメモする癖がついたのは、河野氏の『学校事件の……』の影響もありますから、河野氏には学恩もあります。

こんな体験が、私が教育勅語に関心をもったきっかけでしたが、それから半世紀。教育勅語や御真影にかかわる事件や事例を調べてきました。本書で紹介する事件や事例は、二一世紀の現代と関係ないものなのかどうか。国民生活に与えた影響を知れば知るほど、二一世紀に生きているわれわれが、まだ克服していかなければならないものがあることが、思い知らされるのです。教科書でいう「国民の精神的、道徳的なよりどころとされました」とはどういうことか、「近代日本人の生き方に大きな影響をあたえた」ということの意味を考えていただきたいと思います。

2．教育勅語って何が書かれているの？

「勅」や「勅語」とは「天子がくだす命令・ことば」のことですから、「教育ニ関スル勅語」とは、教育に関する（明治）天皇の命令・ことばという意味です。「朕惟《ちんおも》フニ」（朕は天皇の一人称。私は次のように思います〈惟フニ〉）で始まっているのもそのことを表わしています。

では、何が書かれているのでしょうか。前にも書いたように、教育勅語は全文三一五字。句読点も濁点もない文章ですから大人が読んでもわかりにくく、渙発以来、さまざまな解釈書が刊行されてきました。その数は五、六百種を超えるでしょう。文部省図書局の全文通釈はありますが、一部局の作成であり、一般に流布したものではありません。ここでは国定教科書にのった解釈が文部省公認のものと考えて紹介します。

文部省が教育勅語を教えた科目は修身です。修身という科目は第二次大戦後の教育改革で廃止されたものですが、一八八〇（明治一三）年以来、敗戦にいたるまで、教科目の中で、最も上位、大切な科目とされてきたものです。その大正期から昭和初期（一九二〇年代〜一九三〇年代初期）にかけて使われた『尋常小学修身書』（巻六・六年生用）の最後（第二五課〜二七課）に「教育に関する勅語」として解釈が登場します。

それによれば、教育勅語は三段でできています。下の全文を見て欲しいのですが、第一段は「朕惟フニ」から「教育ノ淵源亦實《またじつ》ニ此《ここ》ニ存ス」まで。内容は、皇室の祖先が我が国を始めるにあたり、その規模が広大で、いつまでも動かないようにしたこと、また皇室の祖先は自身を修め、臣民（家来である国民）を愛し、万世にわたり手本を残した。また臣民は天皇に忠義を尽くし、親に孝行を尽くすことを心がけ、皆心を一つにして代々忠孝の美風を全うしてきた。以上のことが我が国体（国柄）のきっすいの立派

朕《チン》惟《オモ》フニ我《ワ》カ皇《クワウ》祖《ソ》皇《クワウ》宗《ソウ》國《クニ》ヲ肇《ハジ》ムルコト宏《クワウ》遠《エン》ニ
德《トク》ヲ樹《タ》ツルコト深《シン》厚《コウ》ナリ我《ワ》カ臣《シン》民《ミン》克《ヨ》ク忠《チユウ》ニ克《ヨ》
ク孝《カウ》ニ億《オク》兆《テウ》心《コヽロ》ヲ一《イツ》ニシテ世《ヨ》々厥《ソ》ノ美《ビ》ヲ濟《ナ》セル
ハ此《コ》レ我《ワ》カ國《コク》體《タイ》ノ精《セイ》華《クワ》ニシテ敎《ケウ》育《イク》ノ淵《エン》源《ゲン》亦《マタ》實《ジツ》
ニ此《コヽ》ニ存《ソン》ス爾《ナンヂ》臣《シン》民《ミン》父《フ》母《ボ》ニ孝《カウ》ニ兄《ケイ》弟《テイ》ニ友《イウ》ニ夫《フウ》婦《フ》
相《アヒ》和《ワ》シ朋《ホウ》友《イウ》相《アヒ》信《シン》シ恭《キヨウ》儉《ケン》己《オノ》レヲ持《ヂ》シ博《ハク》愛《アイ》衆《シユウ》ニ及《オヨ》
ホシ學《ガク》ヲ修《ヲサ》メ業《ゲフ》ヲ習《ナラ》ヒ以《モツ》テ智《チ》能《ノウ》ヲ啓《ケイ》發《ハツ》シ德《トク》器《キ》
ヲ成《ジヤウ》就《ジユ》シ進《スヽ》テ公《コウ》益《エキ》ヲ廣《ヒロ》メ世《セイ》務《ム》ヲ開《ヒラ》キ常《ツネ》ニ國《コク》憲《ケン》
ヲ重《オモン》シ國《コク》法《ハフ》ニ遵《シタガ》ヒ一《イツ》旦《タン》緩《クワン》急《キフ》アレハ義《ギ》勇《ユウ》公《コウ》ニ奉《ホウ》
シ以《モツ》テ天《テン》壤《ジヤウ》無《ム》窮《キユウ》ノ皇《クワウ》運《ウン》ヲ扶《フ》翼《ヨク》スヘシ是《カク》ノ如《ゴト》キ
ハ獨《ヒト》リ朕《チン》カ忠《チユウ》良《リヤウ》ノ臣《シン》民《ミン》タルノミナラス又《マタ》以《モツ》テ
爾《ナンヂ》祖《ソ》先《セン》ノ遺《キ》風《フウ》ヲ顯《ケン》彰《シヤウ》スルニ足《タ》ラン
斯《コ》ノ道《ミチ》ハ實《ジツ》ニ我《ワ》カ皇《クワウ》祖《ソ》皇《クワウ》宗《ソウ》ノ遺《キ》訓《クン》ニシテ子《シ》孫《ソン》
臣《シン》民《ミン》ノ倶《トモ》ニ遵《ジユン》守《シユ》スヘキ所《トコロ》之《コレ》ヲ古《コ》今《コン》ニ通《ツウ》シテ謬《アヤマ》
ラス之《コレ》ヲ中《チユウ》外《グワイ》ニ施《ホドコ》シテ悖《モト》ラス朕《チン》爾《ナンヂ》臣《シン》民《ミン》ト倶《トモ》ニ
拳《ケン》々《く》服《フク》膺《ヨウ》シテ咸《ミナ》其《ソノ》德《トク》ヲ一《イツ》ニセンコトヲ庶《コヒ》幾《ネガ》フ
明治《メイヂ》二《ニ》十《ジフ》三《サン》年《ネン》十《ジフ》月《グワツ》三《サン》十《ジフ》日《ニチ》
御《ギヨ》名《メイ》　御《ギヨ》璽《ジ》

教育勅語（『尋常小学修身書』巻四、1920＜大正９＞年発行）

なところであり、我国の教育の基づくところもここにある。

第二段は「爾臣民《なんじ》父母ニ孝ニ」から「爾祖先ノ遺風ヲ顕彰スルニ足ラン」まで。この段では天皇が「爾臣民」と呼びかけ、臣民が常に守るべき道を諭すところ。その趣旨は、我ら臣民たるものは父母に孝行を尽くし、兄弟姉妹仲よくし、夫婦互いに分を守って睦《むつ》まじくしなければならない。また朋友には信義を以って交わり、誰に対しても礼儀を守り、常に我が身を慎んで気ままにせず、しかも広く世間の人に慈愛を及ぼすことが大切である。また学問を修め、業務を習って、知識才能を進め、善良有為の人となり、進んでこの知徳を活用して、公共の利益を増進し、世間に有用な業務を興すことが大切である。また常に皇室典範・大日本帝国憲法を重んじ、その他の法令を守り、もし国に事変がおこったら、勇気を奮い一身をささげて、君国《くんこく》のために尽くさなければならない。このようにして天地と共にきわまりない皇位の盛運を助けるのが、我らの務めである。以上の道をよく実行する者は、忠良な臣民であるばかりでなく、我らの祖先がのこした美風をあらわす者である。

第三段は、「斯《こ》ノ道ハ」から最後の「庶幾《こいねが》フ」まで。この一段の内容には、第二段で諭している道は、明治天皇が新たに決めたものではなく、実に皇祖皇宗《こうそこうそう》(皇室の先祖)がのこした教訓であって、皇祖皇宗の子孫も一般の臣民も共に守るべきものであること、またこの道は昔も今も変わりがなく、どこでもおこなわれるものである。最後に、天皇は自ら我ら臣民と共にこの遺訓を守り、それを実行して皆徳を同じくすることを願っている。

以上が教育勅語の大意です。教育勅語の第二段にある「父母ニ孝ニ兄弟《けいてい》ニ友《ゆう》ニ……」などを見て、教育勅語にはよいことが書いている、現代でも通じるという政治家などの発言を耳にします。しかし、教育勅語の徳目はすべて「以《もっ》テ天壌無窮《てんじょうむきゅう》ノ皇運ヲ扶翼《ふよく》スヘシ」につながっていたのです。教育勅語全文の中で最もたくさん使われている用語は何だと思いますか？　全文をよく見て捜してみてください。答は「臣民」ということばです。全部で五か所に出てきます。「臣民」が守るべき道徳を述べたのが教育勅語なのです。「臣民」の「臣」とは「主君（天皇）に仕えるけらい」という意味です。ついでにいえば、「大臣」ということばが今も残っていますが、「けらい」の中の高官という意味ですから、国民が主権者である憲法体制下にふさわしいとは思えません。この用語の廃止の声があがらないのが不思議です。

3．教育勅語はなぜ作られ、どのように教えられたの？

(1) 菊は栄える、葵は枯れる

江戸幕府から明治政府に権力が移り、明治政府が最初にやらなければならなかったのは、国民にこれからは天皇が支配する世の中になったことを知らせることでした。江戸時代には、天皇家の行為は幕府の監視下におかれていましたし、天皇の跡継ぎも幕府の許可がなければ決められませんでした。天皇は皇居（京都御所）から行幸《ぎょうこう》（外出）することもなく、幕末の一八六三年、孝明天皇（明治天皇の父）の賀茂神社への行幸は二一二年ぶりの行幸だといわれています。天皇は民・百姓には縁遠い存在だったのです。したがって、明治政府（薩摩・長州などの藩閥政府）がかつぎだして政権につかせた天皇の存在を、国民にむかって周知、徹底することが必要でした。

一八六八年暮に会津が落城し、奥羽で戊辰《ぼしん》戦争が終わった直後の一八六九（明治二）年二月二〇日、行政官が地域の人々に出した「奥羽人民告諭」が残っています。それには「天子様ハ、天照《てんしょう》皇太神宮《こうだいじんぐう》様ノ御子孫様ニテ、此世ノ始ヨリ日本ノ主ニマシマシ、神様ノ御位正一位ナド国々ニアルモ、ミナ天子様ヨリ御ユルシ遊バサレ候ワケニテ、誠ニ神サマヨリ尊ク、一尺ノ地モ一人ノ民モ、ミナ天子様ノモノニテ、日本国ノ父母ニマシマセバ、御敵タヒイタシ候モノハ、大名トイヘドモ一命ヲ御トリ遊サレ候テモ、イサヽカ申分ナキハズニ候ヘドモ……」と、天皇（天子様）の紹介があります。

そして、一八七二年から次のように六大巡幸が始まります。

①近畿・中国・四国・九州巡幸　一八七二年五月二三日〜七月一二日
②奥羽・函館巡幸　一八七六年六月二日〜七月二一日
③北陸・東海道巡幸　一八七八年八月三〇日〜一一月九日
④山梨・三重・京都巡幸　一八八〇年六月一六日〜七月二三日
⑤北海道・秋田・山形巡幸　一八八一年七月三〇日〜一〇月一一日
⑥山口・広島・岡山巡幸　一八八五年七月二六日〜八月一二日

いずれも数十人から数百人のお供や兵士、巡査をひきつれての大旅行でした。この旅行で天皇は県庁、裁判所、学校、軍事施設を訪問したり、官吏、教職員、軍の指揮官や兵士、高齢者などを慰労、戊辰戦争、西南戦争などで官軍・政府軍となって殉じた人たちを弔《とむら》ったりもしました。しかし、この旅行の一番の目的は、まだ天皇の存在を知らない全国の人々の目を天皇に向けさせることでした。一行の宿泊所には多くの民家が使われましたが、玉座となった家には、あとから見物客が押し寄せ、集まった人たちの多くは、玉座になった敷物を手でさすって、一生無病だと喜び、女子は柱の飾りをさすった手で、自分の身をさすり、こうすればお産が軽いとありがたがったということです。（遠山茂樹『天皇と華族』）

（2）教育で始末をつける――教育勅語成立直前の国内状況

巡幸というキャンペーンと同時に国民の臣民化に力を発揮したのが教育でした。一八七二年、早くに欧米に追いつけるようにと、政府は「学問は身を立てるの財本《ざいほん》（もとで）」（学制序文）だとして、だれでも学校で学べる制度をつくりました。ところが、明治一〇年代になり、自由民権運動がさかんになってくると、このままでは政治体制が危ないと考え、教育の方針を欧米流から中国の孔子の教えで封建道徳をとく儒教主義へと転換させるのです。

明治天皇の侍講《じこう》（側近、教育係）元田永孚《もとだながざね》が起草したといわれる「教学聖旨」（一八七九年）は、最近は文明開化の風潮にのって西洋のものをありがたがる傾向にあるが、「其流弊《そのりゅうへい》（悪いならわし）仁義忠孝ヲ後ニシ徒《いたずら》ニ洋風是競《これきそ》フ」結果を招いたと批判し、「将来ノ恐ル、所終《つい》ニ君臣父子ノ大義ヲ知ラサルニ至ランモ測ル可《べ》カラス」。だからこれからは幼少のときから、仁義忠孝の心を教えていかなければならない、とふるえあがっています。

その二年後には、小学校の歴史から外国史を教えないようにします。外国史を教えると、民衆の力で国王が処刑されるフランス革命や、本国の不当な支配に抵抗し、独立を勝ち取るアメリカ独立革命なども教えなければならず、それは危険だと判断したのです。

政府の役人であった石井省一郎は、教育勅語ができる数年前を回想してこう述べています。

「私は明治一七年（一八八四年）二月、内務省土木局長から、岩手県令（知事）に任じられた。赴任後管内を巡視し師範学校・中学校・小学校と悉《ことごと》く巡視したが、教育の主義が何処《いずこ》にあるや考へると、どうも一般の風潮が変である。例へば、我が日本では、昔から児童は、勇者といへば、鎮西《ちんぜい》八郎とか、源義経とかいふ人物をかたり、智者忠臣といへば、楠・新田を語るといふのが、普通であった。然《しか》るにかやうな風は殆んど無くなって、ヨーロッパやアメリカの豪傑を理想とするといふ風潮であった。どうも日本を顧みないといふやうな風であった。学校の教員なども日本人は極めて劣等な国民である、欧米人には到底及ばぬから、日本の歴史、習慣、その他、何もなくして、只管《ひたすら》に欧米に化してしまひたい、又さうしなければ駄目であるといふさまであった。私はこれを見、これを聞いて、実に困ったものだと考へた。

毎年春になると地方官会議が東京で開かれる。私もそれに出て、いろいろと他の地方の状況を聞いて見ると、どこも同様である。そこで、私は二、三の親友に相談した。一般の風潮がかうなって来ては、日本の将来が思ひやられる、これは今の中《うち》に何とかせねばなるまいといふので、丁度地方官会議の折でしたから、鳥取県令山田信道、千葉県令船越衛、島根県令籠手田《かごてだ》安定などは、大に同感で、一緒に奔走することにした。ところが、文部省には米国留学の連中が、学士会といふのを作つて、極端な西洋かぶれの説を主張し、米国では五倫（注1）などいふものはない、又五倫などいふものは、道徳として殆ど価値がない、強《し》ひていへば、五倫の中、朋友有信位《ほうゆうしんあり》が採るべきもので、他は顧みるに足らぬ、又君臣の義などといふことも、全く不自然極まるものであると頻りに唱へて居る、こんな空気が地方に蔓延《まんえん》し、学校教員なども、これに雷同するのですから、大変である。

そこで文部省の方針を探って見ると、米国帰りの学士が跋扈《ばっこ》して（のさばって）何から何まで彼等の意によって定まる、文部大臣は彼等の傀儡《かいらい》（あやつり人形）の如しといふさまである。この頃条約改正の議がやかましく（注2）、内閣及び外務省司法省では欧米流の法律を作らんとし、新に民法も出来ることになったが、その新民法では、妻が夫を訴へ、子が父を訴へることが出来るといふことであるので、私共は、驚いて司法大臣山田顕義にこれを質《ただ》すと、顕義もこれはどうも已むを得まい、欧米風の民法でないと、治外法権の撤廃を各国が承知しないとの答へです。それならば致方《いたしかた》がない、この上は教育の方面で、善く始末をつけねばならぬといふので、私共同志は、躍起の運動を開始した、それが丁度（明治）二一年からのことである。銘々手分けをして、あち、こちと関係方面に就いて、現在のやうな有様では、国家が立たぬ、何とか今の内に方針を立て直さねばなるまいと、銘々激論して巡《めぐ》まったのである。」（渡辺幾治郎『教育勅語の本義と渙発の由来』）

（注1）五倫＝儒教の教えで、人が身につけるべき五つの教え。君臣義あり、父子親あり、夫婦別あり、長幼序あり、朋友信あり。

（注2）条約改正と民法制定についてはコラム「民法出《い》デテ　忠孝亡《ほろ》ブ」参照。

コラム

民法出《い》デテ　忠孝亡《ほろ》ブ

明治期、日本の外交問題で最大の課題は、条約改正問題でした。幕末に日本が欧米諸国と結んだ条約は不平等なものでした。とくに問題だったのは、外国人が日本で犯した犯罪について日本の裁判官で裁けないという治外法権があったことと、外国から輸入されるものにかける税金（関税）の率を日本が独自に決められないという点でした。憲法をつくり、教育制度や法律を整えようとしたのも、チョンマゲを落とし、洋装、洋食がすすめられ、ダンス・パーティがさかんに開かれたのも、早く欧米諸国に追いつきたいことと、外国からも一人前の国と認められ、条約を改正したいという願いからでした。

一八七九（明治一二）年、政府は民法典の草案づくりをフランス人ボアソナード（パリ法科大学助手）に委嘱しました。ボアソナードの月給は一八八〇年から一二五〇円、年一五〇〇〇円。当時太政大臣の月給は八〇〇円だったといいますから、ずいぶん高い給料です。このような高い報酬を払っても法律の整備は急務だったのです。

一〇年の歳月をかけて積み重ねられたボアソナードらの努力によって、結婚の際に、父母の同意を必要とするのは未成年にかぎったり、女性にのみ貞操義務を課すのは婚姻の目的に反するとしたこと、家督相続でも長子（長男）以外にも幾分の相続権を与えることが考えられるなど、家長の力を弱める内容を含む草案ができあがりました。ところが、この草案が政府機関や全国の司法官・府県知事などの意見を入れながら審議される過程で、ボアソナードが考えたような近代的な家族法をめざす進歩的な部分は、ほとんど骨抜きとなってしまいました。そして、一八九〇年四月（教育勅語が渙発される半年前）、家父長の権限を大幅に認める民法が公布されるのです（ただし、施行は一八九三年一月一日を予定）。

骨抜きになったにもかかわらず、この公布をきっかけに、前から、フランス人やフランス法を学んだ人たちが中心になってつくる法律をこころよく思っていなかった人たちから、この民法の実施を延期せよという声がにわかに強くなり、断行派と延期派との間で民法典論争という論争がはじまるのです。

フランスは人民の手によって王政を倒したフランス革命の伝統がある国であり、そのフランス革命後にできたナポレオン法典は、封建的な束縛や宗教的な束縛から市民を解放して自由と平等をその基本的な考え方にとりいれてあり、ヨーロッパ市民法典の母と言われています。そのフランス法を参考にした民法だというので、延期派の人々から警戒されたのです。

その延期派の代表的な論文が、東京帝国大学教授・穂積八束《ほづみやつか》が執筆した「民法出《い》デテ　忠孝亡《ほろ》ブ」で、『法学新報』一八九一年八月二五日発行号に発表されました。その論文で穂積はおおよそ次のようにのべました。

「我が国は昔から祖先の教えをだいじにしてきた。そして、権力と法は家から生まれてきた。祖先の神霊を崇拝することが建国の基礎である。現世では家長が祖先の霊を代表しているから、家長の権力をおかしてはならない。家族は年齢と男女を問わず、家長に服従するのがよい。男女が愛情によって結婚して家庭をつくるというのはキリスト教の教えであり、この宗教が広まってから孝行の道が衰え、平等博愛の主義によって民族や血族が疎《うと》んじられるようになり、家制度が亡んできた。いま作られようとしている民法はその精神にもとづいている。」

ボアソナードの草案にあった革新的な部分はほとんど骨抜きになっていましたから、穂積の批判は的外れでしたが、覚えやすくて口調のよい穂積の論文のタイトルは、多くの国民の心理をとらえました。延期派が優位となり、一八九二年、議会では延期案が通過し、一八九〇年につくられた民法はついに施行にいたらなかったのです。

こうした経過を経て、新たに編纂された民法は一八九六年と九八年の二回に分けて公布され、九八年から施行されることになるのですが、それは家長（戸主）の権限を非常に強くしたものでした。結婚するときも、未亡人が実家にもどるときも、婚家と実家両方の戸主の同意が必要でしたし、家の財産は、すべて次に戸主になる長子（長男）だけが相続する権利をもち、次男以下は相続できませんでした。このように、家族制度を重視したのは、わが国の家族制度と天皇を頂点とする国家組織とが共通の精神的な基礎の上にできていると考えられていたからです。

（3）教育勅語の成立

前に紹介した県知事（県令の呼称は一八八六年七月より知事と統一される）たちの動きは一八九〇年になると一段と活発になります。地方官会議は毎年春東京で開かれていました。一八九〇年の会議は二月一二日から二七日まで開催されました。各府県知事が「徳育」問題で活発な意見を述べ、二六日には一同で榎本武揚文部大臣と面談し、「徳育涵養《かんよう》」について意見書を手渡しています。時の総理大臣は山県有朋。山県は一八八八年一二月から八九年一〇月までヨーロッパの議会を視察してまわり、国会開設後のわが国で西欧風の「過激論」がはびこらないかと不安をいだいていました。山県は地方長官たちの声に同感でした。山県が同感したというより、山県の意を汲んで（知事は現代のように公選ではなく、天皇・政府の任命制）地方長官たちが声高に叫びはじめたのかも知れません。山県は一八八二年に軍人勅諭（31頁のコラム参照）をつくっており、教育にも同様なものが欲しいと考えていたことくらいは、地方長官がわからぬはずはないからです。

さて、地方長官たちの声を聞いて、明治天皇は榎本文相をよび、「教育に関し、徳育の基礎となるべき箴言《しんげん》（戒めのことば）を編纂し、常日頃児童に読ませなさい」と命じたといいます。ところが、榎本ではラチがあきませんでした。榎本は幕末に長崎の海軍伝習所やオランダで航海術、砲術、化学、万国公法を学んでいるように、教育より理化学、国際法に強い関心をもっていたからです。

その年の五月、内閣改造にあたり、山県総理は榎本に代えて、腹心の芳川顕正を文相にすえます。芳川は山県内務大臣（第一次伊藤博文内閣・一八八五年）時代の内務次官。長州出身の山県は国内政治の中核を担った内務省（知事の人事権をにぎり、警察、神社なども監督した）に山県閥をつくって君臨しました。芳川の文相就任には、天皇も多少難色を示したようでしたが、山県が熱心に芳川を推奨し、この男ならば、かねてお命じの教育上の箴言《しんげん》案も必ずできますからと保証したので、ようやく認めたといいます。

芳川は就任するとすぐに洋学にも通じた漢学者の中村正直（前東京帝大教授）に草案づくりを依頼しました。中村は一か月もたたずに案文をつくってきました。ところが中村案には「吾カ心ハ神ノ舎スル所ニシテ天ト通スルナリ、天ヲ敬シ、神ヲ敬センニハ先《ま》ス吾カ心ヲ清浄純正ニセザルベカラズ、苟《いやしく》モ吾カ心清浄純正ナラサルトキハ、イカニ外面ヲ装ヘルモ天意ニ協《かな》ハス、君父ニ対シテ忠孝トナラス……」のように、忠孝をキリスト教の思想によって説明しようとしたところや、「智徳並ビ長シ、品行完全ナル人民トナリ、国ノ品位ヲ上進セシメ、外人ヲシテ畏敬《いけい》セシムルコトヲ期スベシ」という、スケールが小さく、西洋流の個人主義的な趣《おもむ》きがあったといわれます。

山県と芳川もこの案文には不満でした。法制局長官の井上毅《いのうえこわし》に中村案を示し、意見と修正を求め、新たな案文作りを頼んだようです。井上は伊藤博文と帝国憲法の起草に携わった人であり、洋学のたしなみもありました。だから、もともと、井上は教育勅語を出すことには疑問をいだいていました。なぜなら、教育の方向を勅語で示すというのは、政治上の命令と混同されると考えていたし、「今日ノ立憲政体ノ主義ニ従ヘバ、君主ハ臣民ノ良心ノ自由ニ干渉セズ」（井上の一八九〇年六月二〇日付山県宛書簡）、「今日風教《ふうきょう》ノ敗《やぶ》レハ世変《せへん》の然《しか》らしむると、上流社会の習弊ニ因由《いんい》ス、矯正ノ道ハ只《ただ》政事（治）家之率先《のそっせん》ニ在るのみ」（同六月二五日付書簡。手紙文にはひらがなとカタカナが混じっていたらしい）という見識をもっていたからです。

それでも、井上毅は、総理からの要請であり、その背後には天皇の意向が働いていることがわかっていますから、しぶしぶ草案を認《したた》めました。その草案の数は二十数本あるといわれています。その草案を、井上は山県だけではなく、天皇の侍講《じこう》の元田永孚《もとだながざね》にも送り、修正を求めました。このように山県、芳川、井上、元田のグループが中心になり、何度かの修正・推敲《すいこう》をやり、主要な草案は天皇にも見せて意見を求めて教育勅語はできあがったのです。

地方官たちの意見書から一〇月三〇日の渙発まで約八か月、井上毅の初案からわずかに約四か月。教育勅語は非常に急いで作られました。なぜ急いで作られたのでしょうか。従来は、帝国議会が同年一一月二九日に開会されることになっていたから、それまでに教育の方針を打ち出しておきたいとする議会対策、さらに一一月三日が天長節（天皇誕生日）だから、この日に全国の官庁・学校で勅語が読まれることを期待した、という理由が考えられてきました。私はそれだけではない、このころ（一八八九〜九〇年）全国で米騒動が頻繁におこっていた、そうした「騒動」をしずめるために、「国憲ヲ重シ国法ニ遵《したが》ヒ」とする教育勅語の普及を急いだという理由をつけ加えたいと思います。全国の米騒動のうち、一八九〇年六月末から七月初旬にかけておこった佐渡島・相川の「暴民蜂起」は天皇・政府首脳を驚かせました。陸軍の新発田《しばた》に常駐していた部隊に鎮圧のため出兵を要請したほどです。そのころなぜ米騒動がおこり、どのように天皇・政府に恐れられたかは拙著『教育勅語の研究』を見てください。

ところで、教育勅語には関係した大臣の副署（署名）がありません。前年に公布した大日本帝国憲法（第五五条）には「凡《すべ》テ法律勅令其ノ他国務ニ関ル詔勅ハ国務大臣ノ副署ヲ要ス」となっていますから、これは異例のことです。これについて芳川顕正は「詔勅は多く政治上のことについてのべているが、時間の経過によっては効力が消えることがある。憲法といえども改正されることがある。しかし教育勅語は永久に変えてはならないものである。もし副署をつけて政治上の命令と混同されると、後世、これにくちばしを入れる者がでてくる」と述べています。教育勅語は万世にわたって「人倫《じんりん》の大本（人の生きて行く道の基本）、国民教育の淵源《えんげん》（基礎）」であると位置付けようとしたのです。

4. 教育勅語はどのように普及させたの？

こうしてできあがった教育勅語は翌三一日には「官報」で発表し、芳川文相は、「これから勅語の謄本を作って全国の学校に配布する。教育の職にある者は常に天皇の意図したことを汲むように、〈学校ノ式日及其の他便宜日時を定メ生徒ヲ会集シテ　勅語ヲ奉読シ且《かつ》意ヲ加ヘテ諄々誨告《じゅんじゅんかいこく》シ（くりかえし諭し教え）生徒ヲシテ夙夜《しゅくや》ニ（朝早くから夜遅くまで）佩服《はいふく》スル（身につける）所アラシムベシ〉」と訓示しました。

コラム

軍人勅諭とは何か

一八八二(明治一五)年一月四日に発せられた「陸海軍人に賜《たま》はりたる勅諭」の略称。明治天皇が軍人に対してくだした訓示と戒めです。

天皇を護るはずの近衛砲兵が反乱をおこす(一八七八年の竹橋騒動)ような軍隊の規律の乱れを正し、自由民権運動がたかまってきたことへの対策として出されました。山県有朋が作成を命じ、思想家の西周《にしあまね》が草案をつくりました。内容の最も重要な点は、日本の軍隊を天皇の軍隊であると宣言したことです(冒頭の一節は「我が国の軍隊は、世々《よよ》天皇の統率《とうそつ》し給ふ所にそある」)。憲法制定より前に天皇の統帥《とうすい》権(軍隊を統率する権限)は政府の干渉をゆるさず、天皇にだけにある権利(天皇大権)であると宣言したのです。

徳目は「軍人は忠節を尽すを本分とすへし」「軍人は礼儀を正《ただし》くすへし」「軍人は武勇を尚《とうと》ふへし」「軍人は信義を重んすへし」「軍人は質素を旨《むね》とすへし」の五か条。そのなかで「死は鴻毛《こうもう》(羽根)よりも軽しと覚悟せよ」とか「下級のものは、上官の命《めい》を承《うけたまわ》ること、実は直《ただち》に、朕か命を承る義なりと心得よ」という戒めが出てきます。兵士の命は鳥の羽根より軽く、上官の命令への絶対服従という日本の軍隊の規律をつくったのが軍人勅諭でした。

また政府は各地の反応が気になって、一一月六日には「(勅語等につき)ソノチホウノカンジョウハ　イカガナリヤ、マタ、カクガクコウニオイテ、ミギチョクユノハイドクシキアリタレバ、ソノジョウキョウトモ、ショウサイ、ゴホウチアイナリタシ(その地方の感情は　いかがなりや、また、各学校において、右勅諭の拝読式ありたれば、その状況とも、詳細、御報知あいなりたし)」と電報を打っています。この電文は奉読式の督励でもありました。

この奉読式をきっかけにして、政府は学校儀式を重視していきます。儀式を使って勅語精神を普及しようとしたのです。一八九一年六月には次のような「小学校祝日大祭日(注)儀式規程」を制定しました。

「第一条　紀元節、天長節、元始祭《げんしさい》、神嘗祭《かんなめさい》及新嘗祭《にいなめさい》ノ日ニ於テハ学校長、教員及生徒一同式場ニ参集シテ左ノ儀式ヲ行フベシ

一、学校長、教員及生徒
天皇陛下及　皇后陛下ノ　御影《ぎょえい》ニ対シ奉リ最敬礼ヲ行ヒ且　両陛下ノ万歳ヲ奉祝ス
但未タ《ただしいまだ》　御影ヲ拝戴セサル学校ニ於テハ本文前段ノ式ヲ省ク

二、学校長若《もし》クハ教員　教育ニ関スル勅語ヲ奉読ス

三、学校長若《もし》クハ教員、恭《うやうや》シク　教育ニ関スル勅語ニ基キ、聖意ノ在ル所ヲ誨告《かいこく》シ又ハ歴代天皇ノ盛徳鴻業《こうぎょう》ヲ叙シ若《もし》クハ祝日大祭日ノ由来ヲ叙スル等其祝日大祭日ニ相応スル演説ヲ為シ忠君愛国ノ志気ヲ涵養センコトヲ務ム

四、学校長、教員及生徒、其祝日大祭日ニ相応スル唱歌ヲ合唱ス」

この四の規程にもとづき、一八九三年には「小学校儀式唱歌用歌詞及楽譜」（君が代・紀元節・天長節など八曲）がつくられました。

こうして、第二次大戦の敗戦まで続く学校儀式の原型ができ、全国の学校で御真影に最敬礼・天皇陛下万歳・教育勅語奉読・「君が代」斉唱というパターンで儀式がもたれるようになりました。また、この儀式規程には、儀式には市町村長や役場の官吏、生徒の父母・親戚、住民の参列もよびかけていましたから、学校と儀式が地域教化の場ともなっていきました。

学校儀式での中心は御真影への最敬礼と教育勅語奉読（御真影のことは40頁のコラムを参照してください）。儀式では天皇・皇后の肖像写真をよく見させたり（実際は頭を下げていたから見ることはできなかった）、勅語の内容を理解させることが必ずしも目的ではありませんでした。荘厳な雰囲気の中で、粛々と進む式次第にしらずしらずのうちに、天皇はおそれ多い存在であること、天皇の命令には逆らうことはできないという感性をうえつけることが大事だったのです。

こうした学校儀式の効果を高めるために、儀式のあり方についての本もよく出されました。飯島利八著『小学校の儀式に関する研究』（一九一一年）もその一つで、それによれば「儀式開始間際《まぎわ》における注意」として、「顔色の悪《あ》しき者有らば、薬を与へ、或は入場を控へしむるを可とす。便所へ行かせ置くことと、特に鼻汁を拭はせ置くことは肝要なり」と念が入っています。

教育勅語を読む校長はモーニング姿と白手袋に威儀を正して、御真影への最敬礼の後、壇上に上がります。主席訓導（現在の教頭）が奉安殿《ほうあんでん》か奉置所から三宝より大きな容器に入れてもってきた教育勅語の巻物を取り出します。それを拝読する姿勢に入ると一同はまた頭を下げます。

教育勅語は荘重に音吐《おんと》朗々《ろうろう》と読まなければなりませんでした。その朗読の仕方も工夫と研究が重ねられました。

一八九七（明治三〇）年七月、北海道の亀田郡他三郡教育協議会の決議「勅語奉読法を一定すること」の後半には次のように書かれています。〈 〉の中の字は教育勅語の文句。引用は読みやすく変更してあります）

「勅語を奉読するに〈朕〉の字は読方最も注意すべし、明晰《めいせき》にして力あり、威厳あり、一つ〈朕〉と読み切り〈惟フニ〉と静かに円《まる》く読むべし〈皇祖皇宗〉の四字高らかに読むべし〈克《よ》ク忠ニ克ク孝〉の句最も明瞭を要すべし〈国体ノ精華〉〈教育ノ淵源〉の句は通常の音声にて重く読むべし〈実〉の字力を入るべし〈爾臣民〉の字最も威厳と力とを要す〈爾〉と力を入れ読み切て〈臣民〉に継読すべし〈進〉の字に一層力を入るべし〈一旦緩急〉より〈扶翼スヘシ〉迄は段々と力を入れ声高く尻上りに読み且つ一気に読むべし〈是《かく》ノ如キハ〉にて息を継ぎ、少し柔かに下げ読むべし〈斯《こ》ノ道ハ〉と明瞭一層力を入るべし〈朕爾臣民〉より〈庶幾《こいねが》フ〉まで高く重く力を入るべし〈庶幾フ〉と声を永く引くべし。すべて読切をはっきりせんこと肝要なり」（『北海道教育雑誌』第59号、明治三〇年一〇月三一日号）。

こんな指導や決議をされていたのですから、儀式がいかにかたくるしいものであったかがわかるでしょう。そこで、儀式当日が子どもにとって苦痛な日であってはならないと、「儀式規程」では生徒を体操場や野外に連れ出して遊戯や体操をすることを学校側にすすめたり（第四条）、「生徒ニ茶菓《ちゃか》又ハ教育上ニ裨益《ひえき》（有益）アル絵画等ヲ与フルハ妨《さまたげ》ナシ」（第七条）と気配りをしたのです。当日には、みかんや紅白の落ガンが配られたり、餅、まんじゅう、こんぶ、かち栗などが出されたので、富山県では「まんじゅうもらい」の日とよんだ地方もありました。

（注）一八七三年一〇月の太政官《だじょうかん》（今の内閣）布告によって定められた祭日は元始祭（一月三日・天皇の位の始めを祝う日）、孝明天皇祭（一月三〇日・明治天皇の父親の命日）、神武天皇祭（四月三日・命日）、神嘗祭《かんなめさい》（一〇月一七日・新穀を伊勢神宮に納める日）、新嘗祭《にいなめさい》（一一月二三日・天皇が新穀を神々に納め、自らも食す日）の五つ、祝日は新年宴会（一月五日）、紀元節（二月一一日・神武天皇即位日）、天長節（一一月三日・明治天皇誕生日）の三つ。あまり頻繁に儀式をおこなうのは効果がうすくなるので、文部省は一八九三年には規程を改訂し、学校儀式は一月一日、紀元節、天長節に限定し（これを三大節といいます）、他は各学校の任意としました。三大節は一九二七（昭和二）年に明治天皇の誕生日を明治節として追加しましたから、昭和期の天長節（四月二九日）と合わせて四大節《しだいせつ》といわれました。

5. 教育勅語の暗誦暗書

教育勅語の発布は、小学校と小学校の教員を養成する師範学校の教育に大きな影響をあたえました。なかでも、一八九一年の小学校教則大綱で「修身ハ教育ニ関スル勅語ノ旨趣（趣旨）ニ基《もと》キ児童ノ良心ヲ啓培《けいばい》（ひらき養う）シテ其《その》徳性ヲ涵養《かんよう》シ（次第に養い育てること）」とされた修身は、一層重視されました。それまで週一時間半であった修身の授業時間は、尋常小学校で三時間、高等小学校では二時間となりました。師範学校でも一八九二年に学科課程が改訂され、従来の「倫理」は「修身」と改められ、週の教授時間数も一時間から二時間と増えました。

一九〇四〜〇五年の日露戦争前後から、小学校では教育勅語の暗誦暗書が奨励されるようになりました。暗誦はそらんじていえること、暗書とは手本を見ないで全文を書き写すことです。兵庫県では文部省の意向を受けて、一九〇九年一一月八日に「教育勅語ノ暗誦暗書ニ関スル件」という通知が出されています。それには「尋常科ニ於テハ第四学年マデニ全文ヲ暗誦スルニ至ラシメ、其卒業マデニハ暗書シ得ルニ至ラシムルコト。高等科ニ於テハ暗書暗写ヲ継続シ、其効果ヲシテ一層確実ナラシムルコト」と書かれていました。

前にも書きましたが、教育勅語は全文三一五字ありますし、その全文には尋常科四年、高等科二年生までに学習しない漢字が二〇字もありましたから、暗書暗写という教育方法にはむりがありました。第一、教師自身が全文暗書できる者がほとんどいませんでした。兵庫県の教育雑誌『兵庫教育』一九一一年二月号は興味深い実験結果を紹介しています。県内の御影《みかげ》師範学校で開設している講習科で尋常小学校正教員に暗書させたときの成績結果です。

「総員三七名、内校長一名訓導三六名にして、年齢は最長五一年二か月、最少二二年八か月、平均三六年六か月、其の正教員となりてよりの年数最も長きは二五年六か月、最も短きは二年六か月なり。しかして全体に就て云《い》へば、先《ま》づ可なるもの三名、甚しく不可なる者一名にして、謄本の通り完全なるものは一人もなし」

そして「教師たちのまちがいについてみると、〈我カ臣民克ク忠ニ克ク孝ニ億兆心ヲ一ニシテ世々厥ノ美ヲ済セルハ〉という重要なところをぬかしてしまった者が五名、〈此レ我カ国体ノ精華ニシテ教育ノ淵源亦実ニ此ニ存ス〉を落とした者四名、〈博愛衆ニ及ホシ〉と〈常ニ国憲ヲ重シ国法ニ遵ヒ〉をぬかした者がそれぞれ二名あった。大事なセンテンスをぬかしているのであるから〈国憲〉を〈国権〉、〈遺風〉を〈威風〉、〈一旦〉を〈一段〉と誤ったり、送りカナをまちがったりする類《たぐい》は無数であった。」（『兵庫県教育史』）

したがって、こうした教育のやり方にはむりがありましたし、効果もあげなかったと思われますが、子どもたちは競い合って覚えさせられました。

「若き日に競い覚えし勅語あり経典《きょうてん》のごと遺《のこ》りて消えず」という短歌は「朝日歌壇」

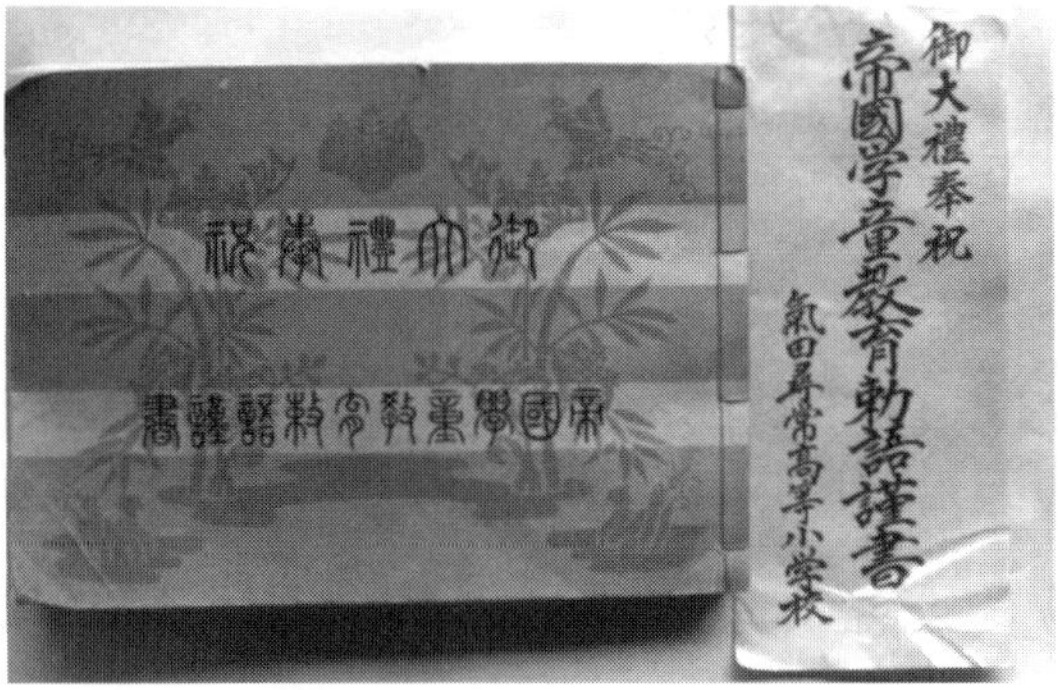

大正天皇の即位式祝賀のために書いた「帝国学童教育勅語謹書」
（静岡県周智郡気田《けた》尋常高等小学校）

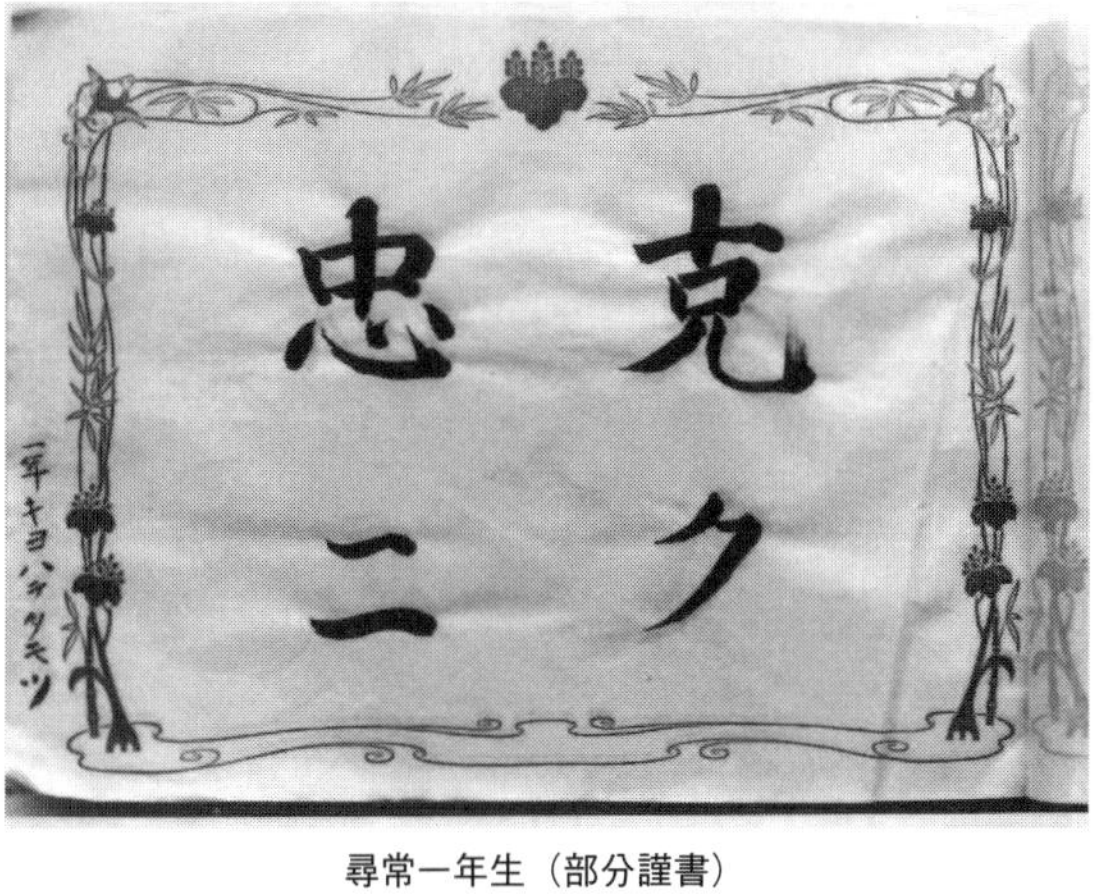

尋常一年生（部分謹書）

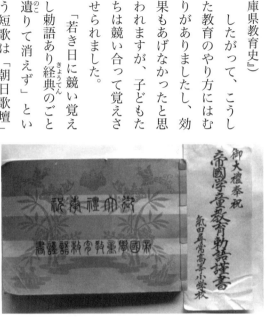

一九九四年一〇月一六日付けで選ばれた佐賀県・山領豊さんの作品です。戦後約五〇年を経ても消えない小学校時代の回想だと思われます。

暗誦暗書だけでなく、教育勅語を写し書くこと（これは謹書といいます）はいろいろな機会におこなわれました。「御大礼奉祝　帝国学童教育勅語謹書」もその例です。大正天皇の即位式（一九一五〈大正四〉年一一月一〇日）を祝って児童に書かせたものです。前頁の写真は私の大学生時代に、母から、秋祭りに神社で母が小学校時代に書いた教育勅語が公開されるから、帰ってこないかと誘われ、静岡県の田舎に行って撮ったものです。低学年は教育勅語の一節、高学年になるにつれ全文「謹書」となっています。「帝国学童……」とあり、合本にしてある表紙のデザインから、この「謹書」は全国でおこなわれたものではないかと思っていましたが、なかなかその「証拠」を見つけることができませんでした。後日『岩手県教育史　第二巻』（一九八一年

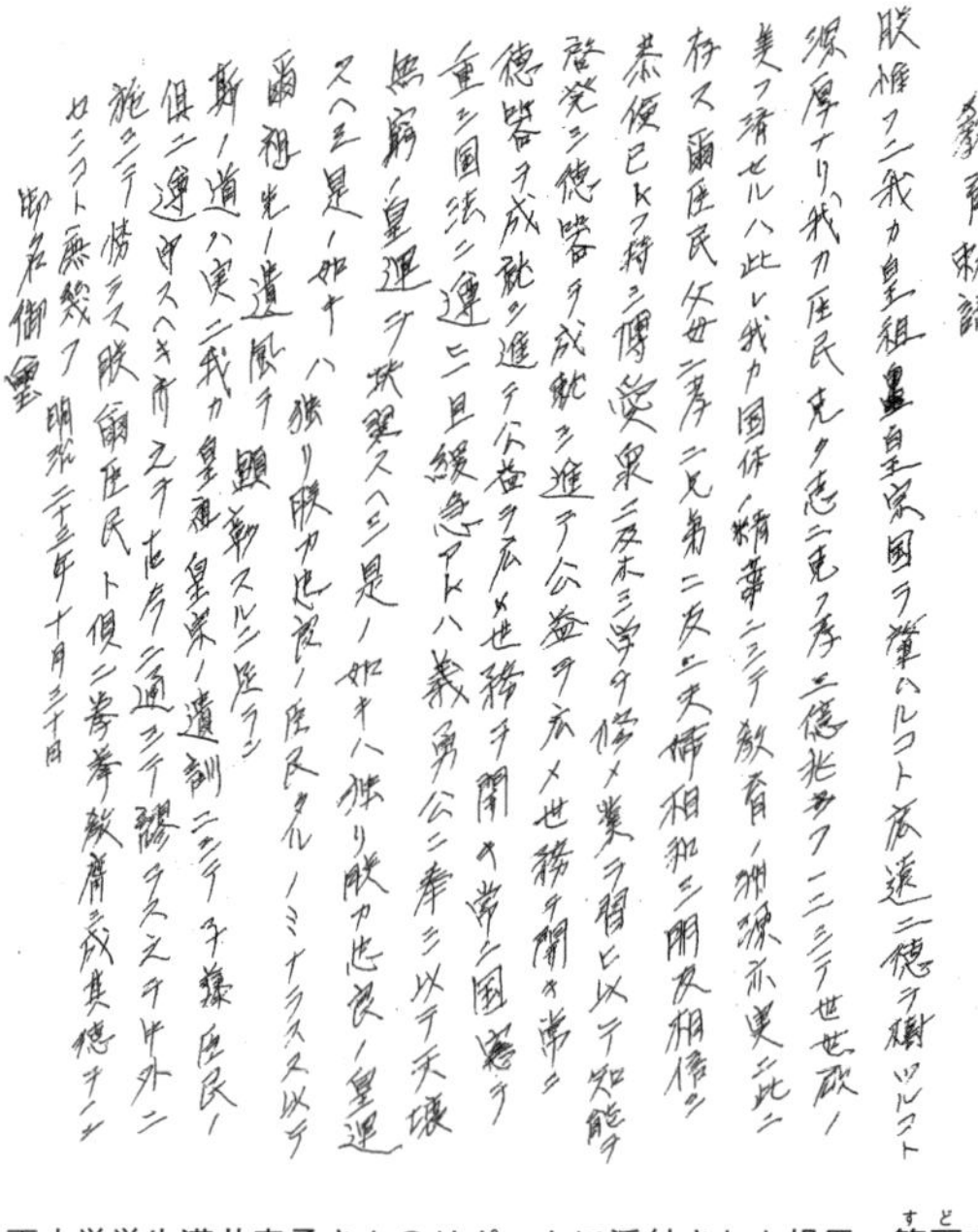
教育勅語
朕惟フニ我カ皇祖皇宗国ヲ肇ムルコト宏遠ニ徳ヲ樹ツルコト
深厚ナリ我カ臣民克ク忠ニ克ク孝ニ億兆心ヲ一ニシテ世世厥ノ
美ヲ済セルハ此レ我カ国体ノ精華ニシテ教育ノ淵源亦実ニ此ニ
存ス爾臣民父母ニ孝ニ兄弟ニ友ニ夫婦相和シ朋友相信シ
恭倹己レヲ持シ博愛衆ニ及ホシ学ヲ修メ業ヲ習ヒ以テ知能ヲ
啓発シ徳器ヲ成就シ進テ公益ヲ広メ世務ヲ開キ常ニ国憲ヲ
徳器ヲ成就シ進テ公益ヲ広メ世務ヲ開キ常ニ国憲ヲ
重シ国法ニ遵ヒ一旦緩急アレハ義勇公ニ奉シ以テ天壌
無窮ノ皇運ヲ扶翼スヘシ是ノ如キハ独リ朕カ忠良ノ皇運
スヘシ是ノ如キハ独リ朕カ忠良ノ臣民タルノミナラス又以テ
爾祖先ノ遺風ヲ顕彰スルニ足ラン
斯ノ道ハ実ニ我カ皇祖皇宗ノ遺訓ニシテ子孫臣民ノ
倶ニ遵守スヘキ所之ヲ古今ニ通シテ謬ラス之ヲ中外ニ
施シテ悖ラス朕爾臣民ト倶ニ拳拳服膺シテ咸其徳ヲ一ニ
セシコトヲ庶幾フ　明治二十三年十月三十日
御名御璽

立正大学学生溝井麻予さんのリポートに添付された祖母・簀戸《すど》京子さん（1932年生まれ。船橋国民学校卒業生）が2007年8月に手本を見ずに記憶に基づいて書いた教育勅語

刊）の中に史料を発見し、やはり、全国規模の行事だったことを確認したのです。（注）

話は横道にそれましたが、一九一〇年四月から国定教科書第二期が使用開始されます。その四年生から修身の教科書の冒頭に教育勅語全文が載るようになりました。四年生用にはふりがながついていますが、五、六年生用にはふりがながありません。四年生中に全文が読めるようになることが期待されたのです。

暗誦暗書しておぼえても、校長が読むのを何度聞いても、子どもには教育勅語の文章はむずかしい。わかったのは「夫婦はイワシ」というところだけだった、という回想を述べた人もいます。児童文学者の山中恒《ひさし》さんです。校長は「夫婦相和《あいわ》シ」の個所を続けて読んだのでそう聞こえたのです。母親は太っていてマグロのようなのになぜイワシなのか？　と思ったそうです。抑圧された重苦しさから気をまぎらわそうとしたのか、全国的に〝朕がうっかり屁《へ》をこいた、爾臣民《なんじ》くさかろう、国家のためだ、がまんしろ〟式のザレ歌がうたわれました。かくてはならじと、教育勅語の内容を子守唄風に作詞して歌わせた学校もあり、子どもの双六《すごろく》も出されました。また、内容を桃太郎説話で解説した『教育勅語 桃太郎訓話』（大石末吉著、一九三五年）などという本も出版されました。かくして教育勅語に関する解説書は「教育勅語衍義《えんぎ》」「教育勅語謹話」「教育勅語真髄」などと屋上屋を重ねることになったのです。

（注）大正天皇の即位の礼の際に民間に「御大礼奉祝　帝国学童教育勅語謹書会」が出来、会規が定められた。それによれば、「謹書」は会特定の用紙に限る。大正四年六月二五日迄に所要の枚数を申し込み、同年七月三〇日迄に本会に二枚送付する。「謹書」は正副二通つくり、正本は本会で装幀《そうてい》して「天闇《てんこん》に捧呈《ほうてい》す」（天皇に見せ

るべくさし出す）。副本は「記念書を附し、各学校に送還す」とある（『岩手県教育史　第二巻』）。私が見たのは戻ってきた「副本」だったと思われます。しっかり装幀してありましたが、誰が装幀したのかは不明です。

コラム

御真影はどのようにして交付されたか

天皇・皇后の写真のことを御真影といいました。天皇の写真を公的機関（役所など）が配布し、役人や一般住民に拝礼させるという慣行は一八七三〜七四（明治六〜七）年ごろからあったらしく、石井研堂著『明治事物起源』には「明治六年六月四日、四条奈良県令、主上《しゅじょう》（天皇）の御写真を請《こう》て人民に拝させんと奏す（申し出る）、即ち各府県に一葉（枚）づつを賜ふ。これ御真影の始めなり」とあります。また「イラストレイティド　ロンドンニュース」一八七八年三月二三日号には、天皇の写

真を拝んでいる日本人の絵が紹介されています。（写真）
　こうした慣行が教育関係者の注目するところとなったのでしょう。文部省の直轄学校へは一八八二年ころから配られるようになりました。小学校にまで普及するようになったのは、一八八九（明治二二）年一二月の文部省総務局長からの次のような通知からです。「天皇・皇后の写真はこれまで府県立小学校へは配布してきたが、これから高等小学校へも申し立てにより配布するはずである。配布を希望する場合は〈維持ノ目的モ確立シ且《かつ》他ノ模範トモナルヘキ優等ノ学

「御真影」上から、明治天皇、大正天皇、昭和天皇と皇后

校ヲ撰ミ（選び）当省ヲ経テ申立〉てなさい」。

これでもわかるように、御真影は、教育勅語謄本とは異なり、全国の小学校に一律に交付されたわけではありません。〈　〉の中に書いてあるように、高等科がある小学校で（当時の小学校は義務教育は尋常科四年間、その上に二〜三年通う高等科を設置した学校もありました）、地域で「模範」「優等」とされた学校が選ばれて交付されたのです。ですから御真影を交付された学校は近傍ではたいへんな名誉であり、御真影を受け取る拝戴式は各地で「空前絶後の盛典」として開催されました。

御真影と教育勅語謄本に対する扱い方は丁重をきわめました。御真影と教育勅語謄本を大事に扱うようにとの文部省からの最初の通知は一八九一年一一月一七日の「文部省訓令第四号」です。「管内学校へ下賜セラレタル　天皇陛下　皇后陛下ノ御影並ニ教育ニ関シ下シタマヒタル　勅語ノ謄本ハ校内ニ一定ノ場所ヲ撰ヒ最モ尊重ニ奉置セシムヘシ」。御真影のことは御影《ぎょえい》ともいわれました。しごく簡単な「訓令」ですが、「最モ尊重ニ」のことばは千鈞の重みをもちました。そして、御真影、勅語謄本の守護のためには生命をかけなければならないものであることが、次第に「不文律」となっていきました。御真影が学校にくるようになって、各学校では男子教職員が交代で宿直をすることが慣例となっていきます。

第II部

教育勅語・御真影が生んだ悲劇

校長の教育勅語の朗読を聞く東京・文京区汐見小学校児童
（汐見小昭和４年の「卒業記念写真帖」『谷根千同窓会』）

ただの写真

＊この本ですよ（笑）。

偶像《アイドル》いのち

ご真影を守るために何十人も死んでるんだぞ
津波や火事や空襲で…
ズ
こーーんな写真のために?
バッカじゃないの?
そんなコト言っちゃダメだ
この時代の人たちには神さまのおスガタなんだから
なによ!
キミだってT《アイドル》くんの写真を待ち受けにしてるだろ?
次元が全然違うわよっ!!
?

真・じゃない影

＊ご真影はイタリア人キヨッソーネが写真を見て描いた絵を写真に撮った。西郷隆盛の絵（提供：アクロ）は全くの想像。

人より大事な

何て言う?
人をさらって身代金とるの
そりゃユーカイ犯罪だな
それが勅語とご真影であったんだ
大事件だよ
?
?
学校から盗み出して校長に「返してほしければ金を出せ」って
へええ
どうなったの?
犯人はあっさりタイホ両方とももどった
人ならそんなに大騒ぎしないよね
ええ〜っ

1．三陸大津波と栃内泰吉の殉職

一八九六（明治二九）年六月一五日、夜八時二〇分ごろ、三陸地方（青森・岩手・宮城県の太平洋岸地方）に大津波が襲いました。六月一五日は旧暦の端午《たんご》の節句にあたり、国中でお祝いする風習がありました。町に出ていた人も田舎に帰り、友人をまねいて杯をかたむけ、前の年の日清戦争で勝って帰ってきた兵士を囲んでの戦勝祝賀会も催されました。

夜七時ころ地震がありました。強くはなかった。十数分過ぎてまた揺れました。それは数分つづきました。それでも人々は気にしませんでした。八時二〇分ころ、沖の方からごう然と大砲のような響きがありました。それでも人々は海上で軍艦が演習でもしているのだろうと思っ

三陸津波の惨状（下）と、御真影を持ち出すの図（上）
『風俗画報・大海嘯《かいしょう》被害録』明治 29 年 7 月 10 日号（東陽堂）

て、心にとめるものはほとんどいませんでした。すると間もなく、ものすごい音響とともに、二〇～三〇メートルもある黒山のような波が、襲いかかってきました。第一回の津波がきてから六分ほどして第二回の津波。このときまでは、波の音と救いを求める声が相和していましたが、この大波の去った後は、怒濤《どとう》の音ばかりで、人の声はまったく聞こえなくなりました。とかくする間に第三の津波が襲います。こうして翌日までに大小数一〇回の津波が襲来しました（新渡戸仙岳「三陸津波」、『三陸津波誌』所収）。被害は、北は尻屋崎から南は牡鹿半島にいたる四〇〇キロメートルにわたり、流出・全壊建物は九三〇〇戸余り、死者は二万二〇〇〇人に達しました。

二〇一一年三月一一日の東日本大震災での死者・行方不明者は一万九〇〇〇人ほどですから、明治の三陸大津波がどのくらい大きな津波であったかが想像できます。

この津波の悲劇のなかで、御真影のために殉職した教師が出ました。岩手県上閉伊《かみへい》郡箱崎小学校の栃内泰吉校長兼訓導です。

栃内泰吉

箱崎の近く（大槌湾をはさんだ大槌町）では、その日は、日清戦争祝賀の慰安会がありました。小林稚乃《ちの》（一一歳）・ヒデ（一〇歳）の兄妹は、その会をみての帰り、海（湾）にクラゲが異常に多いのに気がつきました。ボートのオールがこげないほどです。こういう日は津波が来ると、昔の人から伝えられていることを、小林稚乃少年は知っていました。

その夜の地震の時、小林少年の祖母は「揺れが淋しい地震だから海を見てくるように」と稚乃の兄（智基《とものり》一五歳）に命じました。智基が海を見に行くと、海の水がスーとぐんぐん沖に引いていきます。兄は、弟とともに部落の人たちに急をつげました。「津波がくるぞー」「津波だぞー」と。栃内泰吉は、この叫びを聞いたにちがいありません。一家を外に出し、とりわけ老婆を早く避難させ、急いで学校に向かいました。御真影をとりだすためです。

箱崎小学校には、一八九三（明治二六）年三月に御真影がきていました。かれはその御真影をひもで身にしばりつけ戸外に出ようとしたその時に、黒山のような大波にのみこまれました。気を失い、そのまま海岸に打ち上げられました。翌日、重傷を負い、半身泥砂の中にうまり、息も絶え絶えのところを見まわっていた近所の住人に発見されました。介護のかいもなく、一七日の夕刻息をひきとりました。教育勅語謄本は流されてしまいました。御真影は損傷を受けましたが無事だったのです。

栃内泰吉の殉職は、東京の新聞でも報じられ反響がありました。多くはかれの死を賛美しましたが、そのなかでただひとつ「国民新聞」は、この死に方には賛成できない、御真影は尊いけれども、人命はさらに尊い、「死んで御真影に殉ずるのと、生きて臣民の義務を全うするのを天皇はどちらを喜ぶだろうか。男児容易に死すべからず」という論陣をはり、投書で「御真影は再製し五製し十製すべし、人の生命は再製すべからず」というものをのせました。こうした論調や投稿に各方面から非難がわきあがりました。「国民新聞」の論は、御真影をもって一枚の写真にすぎないとみている、国民が天皇陛下を敬慕する気持ちは強く、自分の命との軽重は問題にならない。戦争に勝てたのは自分の命をかえりみず忠義を尽くしたからである、などと。「国民新聞」の意見は袋叩きにあってしまいました。御真影に殉ずることを美化する思想に日本が支配されるようになったのです。

2. 大友元吉《もときち》の死と「河北新報」の伏せ字

栃内泰吉の殉職から一一年目の一九〇七（明治四〇）年一月二四日、御真影を守ろうとして二人目の殉職者が出ます。仙台第一中学校（現・仙台一高）の書記（事務員）大友元吉です。その日の午前一時過ぎ、学校が火事となり、当日宿直であった彼は、御真影を取り出そうとして逃げ遅れたためだといわれています。大友元吉の死が報じられるや、県内の小学校はもとより、東京帝国大学の学生、大連の歩兵にいたるまで、連日のように弔慰金が送られてきました。翌年一二月末までのその合計は三四九四円二銭一厘に達したほどです。そのころのもりそばが一杯三銭（〇・〇三円）ですから、現在の金額でいえば七千万円くらいでしょう。

それくらい大きな反響があった事件ですが、地元の「河北新報」は一つの論陣を張りました。一月二六日の社説「御真影と人命」です。このタイトルや冒頭の一節、「祝融《しゅくゆう》氏《し》（注）一夜其の威を逞《たくまし》ふして仙台第一中学校々舎烏有《うゆう》に帰し（丸焼けになり）、一職員之れに殉死す、校舎の焼けたるは惜《おし》むべしと雖《いえど》も、校舎は幾度も之れを再築すること得、唯《た》だ夫《そ》れ人生復《ふたた》びすべからず、之を此の災禍に殉死せしめたるを特に痛悼すべきなり」からもわかるように、御真影と人命を比較し、人命の尊重を説いたものです。ところが、三か所、一二五字分が伏

大友元吉

せ字に（カット）されてしまいます。写真でははっきりしないかもしれませんが、カットされた前後のところはつぎの個所です。

①「御真影を尊敬すべきを知て、其身亦《そのみまた》陛下の赤子《せきし》たり（以下四行、六七字削除）」

②「事変に際会しても事情の許す限りに於て無事に奉遷せんことを心懸《こころか》くると雖《いえど》も（以下四行、四二字削除）至聖至仁《しせいしじん》なる陛下の叡慮《えいりょ》（深い考え）にあらずと察し奉る」

③「御真影を奉持して焼死を遂ぐるの一事、我国民の至誠を表し壮烈を表するも、一面には（以下一六字削除）を証し、」

カットされた部分は、栃内泰吉の殉職に際して書かれた殉職に批判的な思想と同様なものの表明であることは、文脈から読みとれます。日清戦争直後に袋だたきになった思想が、日露戦争後の大友元吉の殉職に際してはもう表明できなくなっていました。

伏せ字にもめげず、「河北新報」は二日後の一月二八日、「御真影奉安所」という社説をかかげました。「此の上は已《や》むを得ず、各官衙《かんが》学校等は金庫を備ひ付け、平生は金庫の筐底《きょうてい》（底）に奉安する事とすべし、若《も》しも一校毎に金庫を購入する能《あた》はずんば、或る一校の金庫内に各校拝戴の御真影を奉安し、式日に際して其の校に移し奉る事とすべし

河北新報

御眞影と人命

帝國議會

伏せ字のある「河北新報」（明治 40 年 1 月 26 日付）

……」

この社説は県当局を動かしたようです。仙台市役所内に奉安所を作り、市内拝戴校の御真影を一括して収納するという動きがはじまります。しかし、ここで問題がおこります。こうした措置は文部省訓令第四号にいう（御真影・教育勅語謄本は）「校内一定ノ場所ヲ撰ヒ」に抵触するのではないか。市役所は「校内」ではないからです。

そこで市では従来からそうしてきたからというウソの報告書をつくって、文部省に照会し、この措置を認めさせます。一九二〇年代になると、校舎（その頃の校舎はほとんど木造でした）とは別棟に耐震耐火式の奉安殿が作られるようになりますが、大友元吉の死後の合同奉安所はその先駆けだったのです。

（注）祝融《しゅくゆう》は中国で火をつかさどる神のことから、火災のことをいいます。

3．竹内伝蔵の遺書

私が御真影や教育勅語の歴史を調べはじめたのは一九七〇年代からです。各地をまわり、多くの人たちの話を聞いてきました。その中で、忘れられないのは竹内伝蔵の遺書との出会いです。この事件の存在を知ったのは『新潟県教育百年史　大正・昭和前期編』の記述からです。「また、西頸《くびき》

竹内伝蔵

(城郡)・名立《なだち》校でも、大正三年一〇月に勅語謄本と戊申《ぼしん》詔書(注)が紛失し、翌年になってもついに発見されなかった。しかも、警察の捜査中、嫌疑をかけられた教員が自殺するという事件も起った」(二九二頁)の記述が目にとまりました。大正の初期だからこの種の事件としては比較的早い時期の事件ではありますが、御真影や教育勅語謄本の盗難事件ということ自体は、歴史上特別にめずらしいことではありません。しかし、嫌疑者が自殺するというのは聞いたことがありません。『百年史』の記述は、このあと、同校校長が三か月間一割減俸の処分を受けたということのみで、事件の内容については書いてありません。調べはじめたのは一九七四年五月二日、県立新潟図書館を訪ねてからです。この訪問で『越佐教育雑誌』(大正四年八月号)を見ていたら、「新潟県下に於ける普通教育の効果について」という論稿を見つけました。これは「大正四年五月九日高田市に於ける郡市連合教育会席上講演草稿」とあり、論者は「新潟地方裁判所所長・黒田英雄」。「其の者は自己の所為《しょい》(行為)にあらず死霊となっても真の犯人を捜し出すべし云々との遺書を遺《のこ》したる由《よし》なるが死屍《しし》を鞭《むち》打つは忍びざる所なれとも、人は死後の名誉をも惜む者なれば遺書必ずしも信を措《お》き難し。『人の将《まさ》に死せんとするや其言ふや善し』と計《ばか》り申す訳には参らず。証拠明白にして一点の疑なき大罪人にても、判決確定して死刑を執行せらるる迄冤《えん》罪《ざい》なりと絶叫する者も之あればなり。故に死者には気の毒ながら余は死者が其真の犯人ならんことを望まざるを得ず。然らざれば今尚ほかかる忌《いま》はしき犯人が教育界に存在する如き嫌疑を晴らす能《あた》はざればなり……」

裁判官の監督権を握っていた裁判所所長がこれだけの予断をもって、公言、処断してはばからないのですから、捜査を担当した警察官の被疑者への取り調べの過酷さは推して知るべしでしょう。「義憤」を感じたというのがそのときの私の正直な気持ちでした。そして、遺族が健在なら会いたいし、何とかしてその遺書を読んで見たいと思いました。

翌日の五月三日、名立に行ってみることにしました。新潟から金沢行きの特急電車に乗り、直江津で福井行きの鈍行電車に乗り継ぐ。三つ目が名立。この辺で大きな町は糸魚川だから、明日は糸魚川の図書館にも寄ってみる気になって、名立での調査の後、糸魚川行きのバスに乗りました。すると、ほどなく、真っ赤な太陽が日本海側に沈もうとしている光景が目に飛び込んできました。見たことのない夕日でした。このままバスのなかでやり過ごすのは惜しい気がして、ここで下車して沈む夕日をながめ、宿もとることにしました。聞けばここは能生《のう》。いっしょに降りた地元の人らしき人に「能生で年寄りがいる古い旅館はどこですか?」とたずねると、「玉屋旅館」とすぐに答えがかえってきました。宿の年寄りから何か情報が得られないかと、少しの望みを託したのです。はたして、その玉屋旅館は芭蕉が泊まったことがあることが後にわかります。その宿には明治生まれの古老がいました。宿の主人で石井直治さん。八三歳だといいます。事件のことを知っているかもしれないと思い、夕食後、部屋にきてもらって、たずねてみました。石井直治さんは「それはネェー、鶉石《うずらいし》の助左衛門《すけざえもん》さんとこですよ。助左衛門とこの、教頭をやってた竹内伝蔵いうてね、昔からそこの有力者ですねん。自分の家の裏の木で首をつりました」

あまりの即答にびっくり。竹内伝蔵は、この旅館に人を連れて来ては酒を飲んだ、直治さんは割烹をやっていて、伝蔵とはつきあいがあったので、この事件のことはよく覚えているのだそうです。部落はすぐ近くで、娘さんが家を継いでいるようだといいます。娘さんの名前（若松さんと教えられました）と電話番号を教えていただき、その夜は床につきました。能生でこの宿に泊まったから竹内伝蔵という人物のことがわかった、つきがあると思いました。

ところが、若松さんに会うのが一苦労でした。朝、電話を入れました。在宅でした。まだつきは消えていませんでした。しかし、会いたくないといいます。「古い話だし、よく覚えていない、資料なんてない、あまりいい話ではないのでふれてもらいたくない」の一点張り。私もこのままでは引き下がれません。ねばりました。やっと、短時間ならということで承諾してくれました。名立から富山寄り二つ目の駅、能生駅からタクシーをとばしました。五分余りで鶉石部落につきました。竹内家と教えられたその家はマキの生垣に囲まれた大きな家でした。「先程は失礼しました。つい、とりこんでいたものですから……」という若松さんのことばに安堵して家に入れてもらいました。

「父が死んだとき、私は小さかったですから（若松さんは明治四一〈一九〇八〉年生まれ）ちっとも悲しくなかったのを覚えていますよ。人がおおぜいきて、にぎやかで……。そのころは政党関係が社会を牛耳っていたんですね。学校の先生というのは、それに巻き込まれていたんじゃないですか。村長が変わると役場の灰まで変えるといわれたほどで……。父も政党関係のものに巻き込まれて……と聞いています。自殺した時父の同級生が葬式にきて、『何も死なななくても……』といったのを覚えています。」

話はつきませんでした。五分、一〇分でも……といったのが、三時間もお邪魔することになります。遺書の存在をたずねました。「そんなもの聞いたこともないですね。ありませんよ」。若松さんのことばにもかかわらず、私はどうしてもあるという気がしてなりません。捜してくれるように懇願しました。私のことばにうながされて、若松さんは部屋を出ていきました。蔵に行ったようでした。やがて両腕にかかえきれないほどの書類をかかえてきてくれました。手紙、証書、……一つ一つ点検しました。しかし、見つかりません。「ね、やっぱりないでしょ。」若松さんは自信をもってダメを押します。だが私の確信はゆるぎませんでした。こんなに資料を大事にしている家が、遺書を粗末にしているはずはない、きっとでてくる。再度捜してくれるように頼みました。若松さんは重い腰をあげて裏へ出て行きました。しばらくして、やはり資料をかかえてあらわれました。一点一点、前よりていねいにあらためていきました。上から三分の一ほどもいったところでしょうか、二枚に重なった和紙が出てきました。墨字で何か書いてあります。八つ折にしてあるのをそろり、そろりと開きました。一枚目の冒頭「憤慨満腔《まんこう》……」が目に飛び込

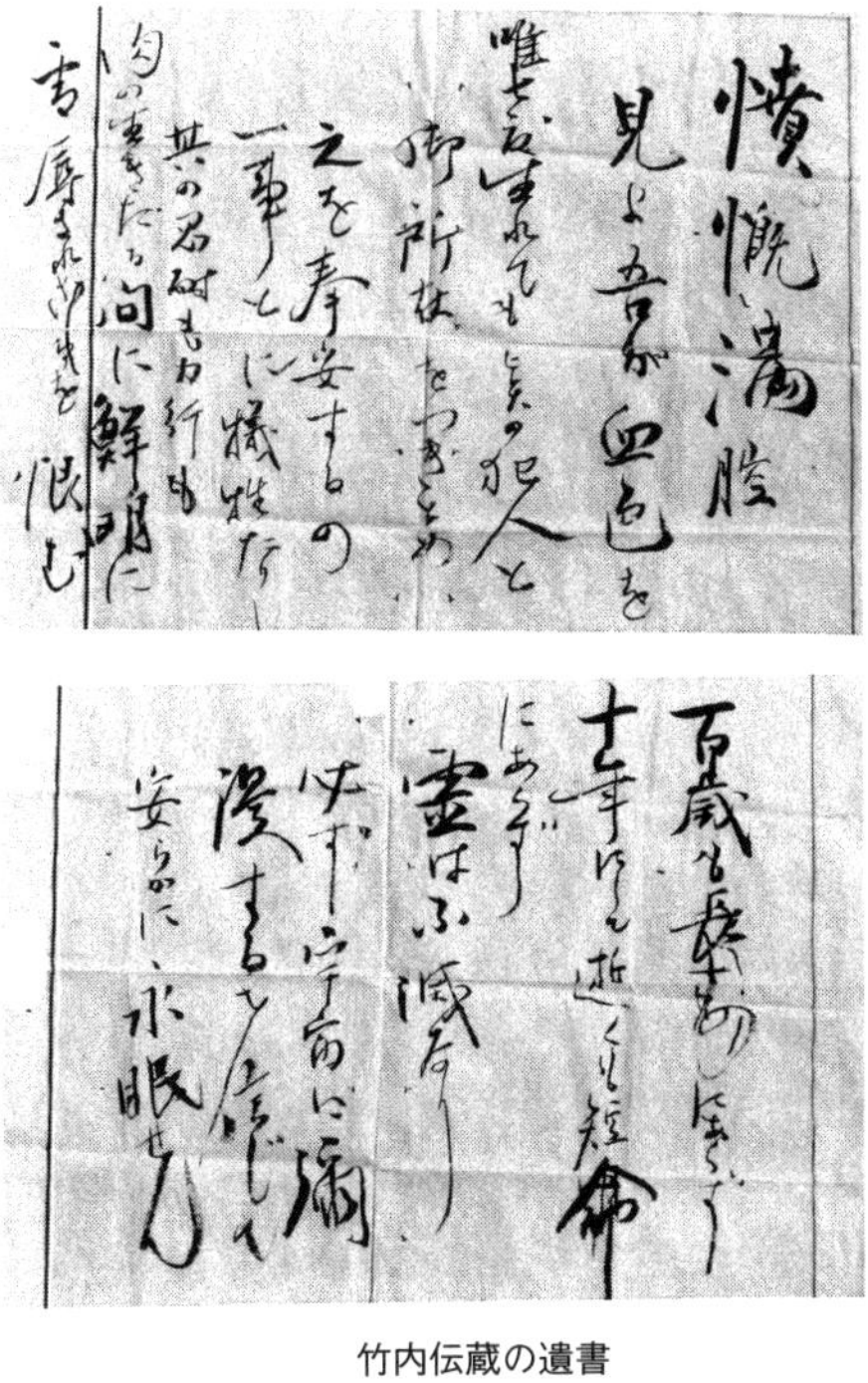
憤慨満腔

竹内伝蔵の遺書

んできました。ギクリとしました。遺書です。二人は眼と眼を合わせましたが、しばらくは声も出ませんでした。

遺書には次のようにしたためられていました。

「憤慨満腔　見よ吾が血色《ちのいろ》を　唯七度《ただななたび》生れても真の犯人と　御所在をつきとめ　之を奉安するの一事とに犠牲たりし　其の忍耐も力行《りきこう》も　肉の生きたる間に鮮明に　雪辱されざるを恨む」（一枚目）「百歳も長寿にあらず　十年にして逝くも短命にあらず　霊は不滅なり　必ず宇宙に瀰漫《びまん》するを信じて　安らかに永眠せん」（二枚目）（瀰漫は広まること。ふりがなは岩本）

書き出しの二行「憤慨満腔　見よ吾が血色を」は豪胆さを感じさせる筆力ですが、あとは淡々と書かれています。若松さんもこれははじめて見たといいます。遺書と確認すると、若松さんはじっと私の方を見つめました。そして「あなたは、今日なんでここに来たのですか?」。私が黙っていると、「たまには墓の掃除をしろと、父があなたをよこしたのかしら……」とつぶやくのでした。

この遺書をしたためてから、伝蔵は、畑になっている裏山に出ました。そして、自分の家の墓地のそばにある柿の木に首をくくって縊死《いし》しました。翌日に三四歳の誕生日を控えた一九一五（大正四）年四月一九日の未明のことでした。

（注）戊申詔書は一九〇八年一〇月一三日に出されたもの。日露戦争の勝利におごることなく、勤倹を説いたもの。これも学校に交付されました。

4．小使いが御真影を焼き捨てる――訓導が五年の刑に

一九一八（大正七）年の夏休み中に、山口県玖珂《くが》郡（現柳井市）柳井尋常高等小学校の御真影が小使いによって盗み出され、焼き捨てられるという事件がありました。この事件はほとんど知られることはなく、私も一通の手紙によってこの事件の存在を知ったのです。

私が小著『「御真影」に殉じた教師たち』（大月書店）を上梓《じょうし》（出版）したのは一九八九年四月。その年の九月一三日、宮城県仙台市の一婦人から手紙をいただきました。その中の一節。

「御著『「御真影」に殉じた教師たち』読ませて頂きました。私ども家族に大きな影響をもたらした事件が出ているかと恐れていたのですが、それは出ておりませんでした。資料がおありになったのか分かりませんが。（中略）

大正七年、山口県柳井の小学校で小使いが御真影を焼き捨てた事件がありました。その小使いが土肥ハル（私の父の姉）に頼まれてしたと自白したため土肥ハルは教壇から拘引されたとか。ハルは柳東《りゅうとう》小勤務。夫土肥敏雄は、柳井の校長から徳山に転出していました。即日退職して、一族の不幸がはじまりました。

土肥ハルは五年の囚《とら》われの生活をしました。私の父は朝鮮にいたので、退職の覚悟はしたものの、それはまぬがれましたが、いろいろの形で影響はありました。（中略）私は、結婚話はいつもこれで破談になり、遠い宮城県に逃げて来て図らずも結婚。一昨年亡くなった夫にもとうとう話しませ

んでした。（後略）」

私の御真影・教育勅語謄本事件簿ファイルにもこの事件の記録はなく、初耳でしたし、何よりも、手紙の「（小著に）事件が出ているかと恐れていたのですが、……遠い宮城県に逃げて来て図らずも結婚。一昨年亡くなった夫にもとうとう話しませんでした。」のくだりは身につまされました。早速、九月一五日には仙台市に行ってその婦人（沼倉満帆《みつほ》さん）と面談。一九九三年には柳井市、山口市を二度訪問して調べてみました。山口県は幕末の尊皇運動の中心地。明治以降の藩閥政府の主要メンバーをたくさん出していますから、天皇に対する不敬をもっとも警戒する風土があるところからか、史料はほとんど残されていません。

頼りになるのは判決文だけでした。その判決文を見るのには苦労しました。山口地方裁判所と広島控訴院判決文の閲覧は山口地方検察庁に閲覧許可願いを提出しなければなりませんでした。閲覧許可が出て山口地方検察庁に行ったときは、同じビルにあった弁護士事務所がまったくの御好意でコピー機の使用を許可してくれたから、判決文を写すことは容易でしたが、大審院判決を閲覧するのはたいへんでした。「大審院刑事判決原本閲覧許可願い」を「最高裁判所事務総局総務局長」宛に提出。死刑判決の場合は判決文の保存は一〇〇年、その他は五〇年といいます。「閲覧許可願い」を提出したのが一九九三年五月二〇日、大審院判決が出たのは一九一九（大正八）年六月二四日。七四年も経っていますから判決文が廃棄されていても文句はいえなかったのですが、まだ廃棄されずに残っていたのは幸運でした。廃棄されずに保存されていたので「閲覧の許可」は出ました。しかし、コピーも写真撮影もだめ、手写しなら許可するというのです。一九九三年五月三一日、六月一日の丸二日最高裁に通わなければなりませんでした。

その判決文によって調べると、小使い（三浦常松・四七歳）が講堂東側にあった奉安室の鍵をあけたのは一九一八年七月二六日の「晩方」。そこから御真影の箱を持ち出し、大正天皇・皇后、明治天皇・皇后四枚の御真影を、小使室の大がまで焼き捨てます。なぜそのような行為に及んだのでしょうか。それは校長（田中浦吉）に対する恨みからです。前の校長（土肥敏雄）は教室における子どもの便の始末は担任にさせていたのに、田中校長は小使いにさせ、宿直室の掃除をめぐっても度々、妻も含めて叱られていたのです。

小使いは何とかして今の校長をやめさせ、前校長に戻ってきてもらいたかった。御真影を焼けば校長の責任となり、やめてもらえるのではないか。夫が単身赴任中の土肥ハル（四五歳）に相談したら、ハルは「証拠が残れば恐ろしいが残りさえせねば恐ろしいことはない」といって賛同したといいます。

山口地方裁判所判決が翌年（一九一九年）二月一三日に出され、小使いには不敬罪の罪で懲役三年、小使いへの教唆（賛同や指図）は証拠不十分でハルは無罪。小使いはこの判決に控訴せず服罪。ところが、検事はハルの部分の判決に不服で広島控訴院（高等裁判所）に控訴します。控訴院の判決は二か月余り後の四月一八日。そこでは「ハルニ関スル部分ハ之《これ》ヲ取消ス　被告ハルヲ懲役五年ニ処ス」と逆転。ハルの弁護士は大審院（最高裁）に上告しましたが、約二か月後の六月二四日に出た大審院判決は「上告棄却」。こうしてハルの刑は確定し、ハルは広島県三次《みよし》市の刑務所に服役したのです。実行犯ではないハルがなぜ実行犯より重い刑を受けたのでしょうか。ハルは鎌倉時代の浄土真宗（親鸞聖人を開祖とする仏教）の信仰をもっていました。裁判で、ハルは「来世には仏陀の救済によって霊界の安住を得るをもって唯一の希望とする」と述べたといいます。皇室を国家社会の中心と考える国体思想にとって天皇より親鸞聖人を尊敬するかにみえるハルの思想は、危険思想だと検事や裁判官の眼に映らなかっただろうか。この事件のおこった一九一八年は全国で米騒動がおこった年。その前年にはロシア社会主義革命がおこっています。大逆事件で幸徳秋水らが処刑されてからわずか七～八年しか経っていません。ロシア革命を知り、米騒動を目撃した裁判官たちがハルの思想をより重く罰したということは十分考えられます。

沼倉満帆さんは私の取材に対してこう語ったことがあります。「伯母という人は天皇に対する尊崇の念はなかったと思うんです。浄土真宗の本当に熱心な信者でしたから、弥陀一仏《みだいちぶつ》だけが大事で天皇というのは問題にしていなかったと思います。ですから、取り調べをうけたとき、そういうことでウンと心証を害したと思いますね。（伯母は）誰も怖れない人ですから、なんとかして私を助けてくださいとか、私はそんなつもりじゃなかったんだ、などとかはいわなかったでしょう」（一九九三年一〇月五日、聞き書き）。

また、沼倉さんは自家版の『祖達《おや》への祈り』を著作していますが、その中で「伯母との長いかかわりあいの中で、御真影の事件について具体的に聞いたことはなかった。ただ『人間は業《ごう》が深いと何がおこるか分からない』と洩らしたことがある。私はあのことだなと気がついたが、しないことをしたように陥し入れられることがあるということなのだろうか。しらずしらず重い罪を犯すこともあるということなのか私は解釈に苦しんだが、それ以上深くは聞かなかった。（中略）私は伯母から、『自分は無実であったのだ』とか『あの男が憎い』という言葉はついぞ聞いたことがなかった。その信仰心の確かさについては敬服せざるを得ない」と書いています。

この事件について少し付言します。この事件に早くから注目し調査を進めていた研究者に故谷林博さんがいます。谷林さんは柳井市在住の郷土史家。長く柳井市立図書館館長をつとめられていましたが、一九八二年四月に急逝され、この調査もそのままになっていたものです。はからずも私がその調査を引き継ぐかたちになりました。柳井市の調査では谷林チサト夫人に絶大なご協力を賜りました。

この事件のことは中間報告のようなかたちで中央大学教育学研究会『教育学論集』に発表したことがあります。「大正期山口県柳井小学校における不敬事件」（一九九四年三月）、「続・大正期山口県柳井小学校における不敬事件」（一九九五年四月）。この拙稿に対して歴史家の家永三郎先生から、「明治憲法時代の裁判に類推できないかもしれませんが、共犯者の自白を証拠とすることについて、共犯者の自白を証拠とすることの危険性が最高裁昭和33年5月28日判決で、六裁判官により主張されていますが、（タカ派）裁判官の九票に、敗れている」ことの御教示や「浄土真宗に天皇制思想に埋没しない思想のあることに着目されたのは御卓見です」という過分な手紙を頂戴しました（一九九五年七月二〇日付）。また教育史家の久木幸男先生（元横浜国立大学教授）からは「この種事件では取調べ過程での拷問は普通のこと（程度は様々でしょうが）、土肥ハルはよく頑張ったと思われます。地裁判決は拷問をしてもこの程度の供述しか得られなかったのなら無罪とし、控訴審・上告審では抵抗したことに不快感を持ったのかも知れません。（中略）彼女の真宗信者らしさがよく窺《うかが》えるのは『人間は業が深いと何がおこるか分からない』という言葉のようです。沼倉氏の引用が正確なら『しらずしらず重い罪を……』ではなく、『しないことを……』という意味でしょう。土肥ハルは冤罪だと言いきっていることになると思われます。」というお手紙をいただいた（一九九五年一〇月一五日付け）ことを付記しておきます。

ハルは冤罪の可能性も高く、なぞはまだ解けていません。

5. 毎月朝五時に登校して御真影を焼失したお詫び――「大在《おおざい》十二日会」の実施

一九一八（大正七）年一一月一二日夜九時三〇分、大分県北海部郡大在村（現大分市）尋常小学校の校舎から発火し、みるみるうちに火は広がり校舎は全焼。教育勅語と戊申詔書は別のところにあったので無事でしたが、御真影は校舎内にあった奉安室から取り出すことができず、焼失してしまいました。同校は一一日より七日間風邪《かぜ》が流行していたためか休校の予定で、当日は生徒の登校もなく、一般人の来ることもなく、内部より発火した形跡もなく不審火とされました。火元は御真影奉安室付近ということで、実地検証も徹底的におこなわれたようですが、結局出火原因は不明とされたようです。

「半鐘の響きを耳にしたる校長首藤岩助氏は、流行性感冒にて漸く全快し病後の身なるに拘《かかわ》らず直ちに駆《はせ》つけ、見るに火は　御真影を奉安せし室の附近より凄じき勢ひにて立ち上り居るを見るや、北側の廊下より駆上《かけあが》らんとせしも、火勢の為に進を得ず、已むなく南側の硝子戸を打破りて入らんとせし一刹那、荒金同村助役は危険なりとて之を止め、大工藤野茂も来会《きあ》はせ、漸《ようや》く校長を擁して教員室に舁《か》つぎ込みたるが……建物は全焼し畏《おそれおお》くも　御真影をも持ち出す能《あたわ》ず焼き奉りたるは恐懼《きょうく》の次第といふべし」(「豊州新報」一九一八年一一月一五日付、「大在校の火事詳報」の記事)

御真影を取り出そうとした当夜の校長のようすです。しかし、取り出すことが出来なかった校長は、翌月から毎月一二日を反省とお詫び、誓いの日としました。その日には朝五時に全教員、児童を登校させて式をはじめました。

「御真影の灰を三方に供え、校長先生が『恐れ多くも明治天皇、昭憲皇太后、今上皇后両陛下の御真影は、大正七年十一月十二日午後九時半、火災の際、奉遷のいとまもなく、遂に炎上し奉れり、これ人力の及ばざりしところとは云え、ひとしく、畏く、あたわざるところなり。ここに本校職員一同……』と朗読し、反省懺悔《ざんげ》して、おことわりの誓いを繰り返す」のです(『大在民俗史』一九八二年、大在公民館発行)。

毎月一二日のこの行《ぎょう》は、朝だけにとどまらず、小運動会、わら草履《ぞうり》作りなど学校行事をおこなう日となり「大在十二日会」とよばれました。

この日のことはおとなになっても長く記憶に残っていたらしく、大在小学校の『開校100周年記念誌』(二〇〇七年刊)には卒業生三人がその日の記憶を語っています。それは教員にとっても同様でした。一九二九(昭和四)年に女子師範を卒業して大在小学校に赴任した上野美知の回想によれば、朝の「暗いうちから起き出して……約四キロ程の道のりを歩いて出勤しなければならなかった。まだ星のまたたく暗い空を仰ぎながらの若い娘の一人歩きが心配で、祖母は必ず途中まで付き添ってくれた」といいます（岩本明子著『母・米寿のしおり』自家版）。

朝五時といえば、晩秋から冬は夜明け前。そんな時間に児童に登校させるのは「苦行」と思われますが、「恐縮の記念行事として、勤倹貯蓄と校舎再建のため、十二日講を結成し、積立貯金を全戸加入で始めた」（前掲『大在民俗史』）村人からは批判の声はあがりませんでした。

この事件の存在を知ったきっかけは「しんぶん赤旗」の二〇一六年八月二三日の「読者の広場」（投書欄）でした。大阪・枚方市の上野崇之さん（七四歳）のもので、「昭和の初めに女子師範学校を出た母の勤めた学校の校庭の隅に鎮座していた『奉安殿』と天皇、皇后の『御真影』が、ある夜、原因不明の火災で焼失した。すぐに新しく造り替えられたが、責任を感じた校長は以降、毎月1日、早朝の『陳謝式』で『火災を出して本当に申し訳ないことをしました。どうぞお許しください』と述べ、教師と児童は全員頭を垂れた（後略）」と記されていました。これも私の御真影・教育勅語事件簿ファイルには記録のない出来ごとです。すぐに「赤旗」編集部に連絡して、上野さんの住所などを教えていただき、調査のきっかけとなったのです。問い合わせに対する上野さんの返信では「母は13年前に亡くなった、長姉が自費で出した自分史『母・米寿のしおり』に詳しい」とのことで、長姉（偶然にも私と同姓、岩本明子さん）の住所と電話番号を教えてくださいました。岩本明子さんに連絡して『母・米寿のしおり』をお借りし、事件の日時と大分市の大在小学校のことだったことが判明したのでした。

大分県の別府市には私の友人・平井昂也さんがいます（大学の同級生、元大分合同新聞記者）。長年、地元の新聞記者をやってきた彼も知らない事件でした。彼の協力を得て、やっと少しずつわかってきました。今回紹介した「豊州新報」の記事、『大在民俗史』の記述は彼が捜し出してくれたものです。また大在小学校の『開校１００周年記念誌』も彼が県立図書館から借り出し、東京での同窓会の折、持ってきて見せてくれたものです。少しずつわかってきたものの、まだ不明なことがたくさんあります。火災の原因は何だったのか、毎月一二日、朝五時登校の「陳謝式」には抵抗感はなかったのか、これはいつまで続いたのか、「陳謝式」をはじめた首藤岩助校長は三年後の一九二一（大正一〇）年八月に大在小学校を去っているが、学年途中での退任（転勤？）はなぜか、など。本書は調査の途中報告になっていますが、こうした事件があったことは地元以外ではあまり知られていないと思い紹介しました。

6. 静坐姿で御真影と心中――中島仲重校長の殉職

中島仲重は、一九二一（大正一〇）年一月六日の夕刻、校長として勤務していた長野県埴科《はにしな》郡南条尋常高等小学校が火災となり殉職します。彼は、前に紹介した栃内泰吉や大友元吉の例といささか殉職のようすが異なります。栃内や大友が逃げ遅れたり、逃げ場を失っての死亡であったのに対して、中島の場合は一種の自殺に近いのです。以下は長文にわたりますが、中島の教え子であり、当時、南条小学校で教鞭をとっていた宮下精美《きよみ》の目撃談です。

「二階建の本校舎の中央は裁縫室、その下が職員室、もう裁縫室も職員室も火の海である。火炎がひゅうひゅうと鳴ると硝子はとけて、だらだらと流れ落ちる。たちまちに本校舎は黒煙と火の海になってしまった。ポンプが動く、消防夫が多勢になる。南校舎にも北校舎にも火が回る。廊下を火がはってゆく。どうしようもない。北校舎の裏へまわってみた。塩野入先生が見えた。『困りましたなあ、困りましたなあ』と言うだけである。他の先生方にも会ったが『困りましたなあ』のほかの言葉は出なかった。

北便所の裏へ来ると、中島先生の奥さんに会った。何も言わなかった。お互い会釈しただけであった。燃える火炎をただ見つめるだけであった。そのうち奥さんが、『うちではどうしたか分からない』と言いだした。『自分はここへ飛んで来たけれど、うちはどうなったかわからない。役場の方へ行ったのかとも思うのだが、御真影を奉じて二階から下へは降りられないから、二階づたいにこっちへ降りて来はしないかと思って、ここにいるのだが』と言われる。自分も、『もしや宿直室から南校舎の屋根へ出て、それから役場の方へ行ったのかとも思うが、どうしたのかわからない』と言い、しばらくしてそこに居たが、奥さんは『それでも職員室でも見てみます』と自分と二人で、真赤に燃えている本校舎の東側を通って見に行った。から

中島仲重

たちの垣根寄りでないと熱くて通れない。時々髪の毛がちりちりと焼ける。職員室の東側が校長席だったから、そばへ寄ってみたが、中は真赤な火の海、炎のほかには何も見えない。それでも焼けた姿でもとよく見たが何も見えない。通り抜けて南の宿直室の下から東の畑へ出た。しばらく立っていたが、奥さんは『家に帰っているかもしれないから、私家へ行ってみます』と、畑を通って東の細道へ出た。先生はどうなったかわからない。

学校は全焼、どうしようもなく道に立って見ていた。本校舎の壁は全部落ち、屋根組みも落ちて、柱と二階台が燃えている。宿直室辺の真赤に燃えている二階台の上に黒いものが見える。『何だろう、人の胴体ぐらいだ』と思っている時、ばあーっと火花を散らして、二階台が落ちるといっしょにそれが落ちてきた時、あっ、人だ。先生だ。先生だ。明瞭に先生だ。尻が後へ出て腰が弓なりに反って、岡田式の静坐(注1)の時の姿勢其のままの姿だ。頭を西にうつ伏せに、先生だ。すぐ側《そば》まで飛んで行ったが、燃えさかっているのでどうすることもできない。そこへ橋詰詮さんが来た。『おい校長どうした』と叫ぶ。自分は『そこにいる』と指すと、『そうか、直ぐこっちへポンプを回すわ』と言って走って行った。と見るまに水が勢いよく注がれてきた。まだ火はあったが、瓦のような所をとんで側へ行った。行ったが先生は重くてどうすることもできない。頭を後へぐっと曲げているので、その頭へ両手をかけて指を組んで引っ張ってみた。動く。そのままずるずると引っ張ってきた。火のない所へ来たので三尺帯を解いて、背から腕にかけて、先生の体を起して背負おうとしたがうまくゆかない。困っているとそこへ消防手の人が来て手伝ってくれた。背負って三尺帯を首のところで左手で持ち、右の手で先生の股のへんの肉をつかんだ。熱かった。右の足は引き出す時に尻についていたのが、離れたとみえ長く伸びて引きずりそうだ。重い。背中は熱い。急いで仁王坂を上って山金井の先生のお宅まで行った。山極さんの門はくぐりになっているので、幾人かの人が門を開けてくれた。門の登り口に石段があって、門を開ける間に先生を背中からおろした。お宅へ背負いこんで奥の間へ行った。奥さんは急いで蒲団を敷いてくれた。真白な敷布の上へおろして寝かせた。全身真黒である。両腕はひじが体に着いて、両手で御真影を奉じたものと思われる形、左の脚は坐したままの形で、脚が尻に着いて曲がった膝が突き出している。右の脚の曲りは火中より引き出す時に離れたものと思われる。伸びている。顔は唇もなく歯を食いしばっている。」（中島会代表三井駿一郎編『中島仲重先生』一九七三年。宮下精美氏による加筆本による）

宮下さんは焼けただれた遺体を背負ったので、背中は大やけどであったといいます。

あとになって埴科郡長・佐藤三男が弔問にかけつけ、遺骸の前で「先生、よく死んでくださいました」と、しばらく感涙にむせんでいたそうです。

中島仲重の死は大きな反響をよびました。地元の新聞では、村葬がおこなわれる一月三〇日迄、「殉

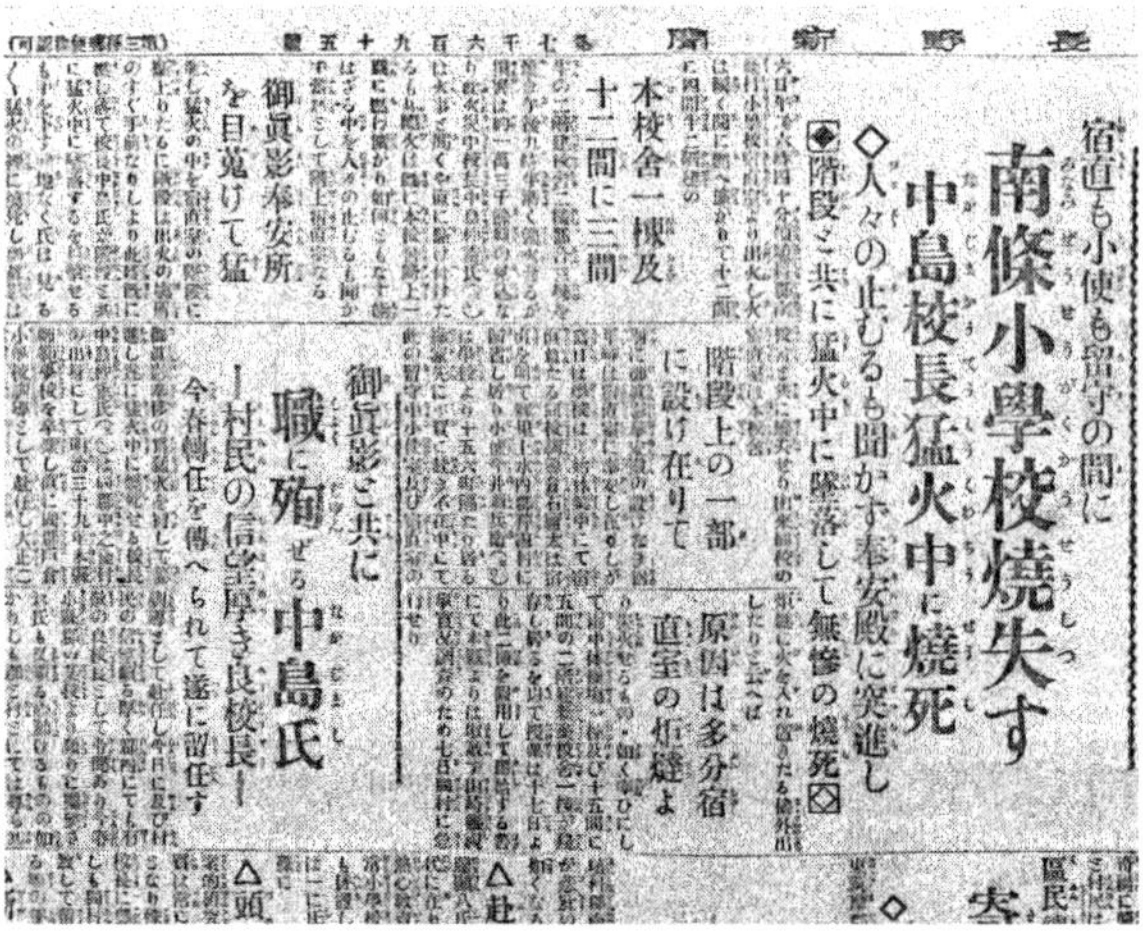

長野新聞

宿直も小使も留守の間に

南條小學校燒失す

中島校長猛火中に燒死

◇人々の止むるも聞かず奉安殿に突進し

◈階段と共に猛火中に墜落して無慘の燒死◈

本校舎一棟及十二間に三間

階段上の一部に設け在りて

原因は多分宿直室の炬燵よ

御眞影と共に

職に殉ぜる中島氏

—村民の信望厚き良校長—

今春轉任を傳へられて遂に留任す

御眞影奉安所を目覓けて猛

南条小学校の焼失と中島校長の殉職を伝える「長野新聞」
（大正 10 年 1 月 8 日付）

職校長」の特集記事、弔慰金報道が連日続きます。県外からと思われる「小学三年生鈴木みの」さんからはこんな手紙も届きました。

「今朝のしんぶんで長野けんの校長先生が火事のときごしんゑいをおだしになるためついやきしにましたとしりましてまことにきのどくにおもいました　この金はふだんのこづかいをためたのですが先生のぶつぜんにそないて下さるやう　おとりはからひをおねがひ申します　一月八日　小西校長先生」

また、県内上水内郡《かみみのち》の「三年生山崎浪男」君からは、

「南条小学校の火事のお話をおとう様からよくききますと校長先生がおしゃしんをお出しになるためにとうとうやけじになされたさうですが私ども家中なみだをだしましたきのどくでたまりません　これはすこしですがほとけ様へお上げくださいねがいます」という手紙がきて、五〇銭が同封されていました。

一月三〇日の村葬には、中橋徳五郎文相ほか弔辞百数十種、弔電百余通が寄せられ、弔慰金も結局、国内はもとより満州、朝鮮、台湾、シベリヤからもあり、団体二〇四二、個人一〇三八人、総額二万一一三七円二銭の巨額におよびました。(注2)

御真影守護のための殉職への賛美が、世の中全体をおおい、批判や疑問を発することが困難となっていました。地元の有力紙「信濃毎日新聞」はこの問題ではついに社説を出しませんでした。出せなかったのでしょう。

中島校長の死後について補足します。中島校長の命日一月六日は正月の休み中ですが、職員、生

徒の墓参りが一九四七年までおこなわれました。往復六キロの道を徒歩で実施されました。全校生徒の墓参が一九二五年迄おこなわれたあとは、全校生徒あるいは二年生以上、三年生以上、五年生以上等、不参加生徒は学校の殉職地に建てられた中島校長記念碑の前の参拝が実施されました。中島校長には遺児として二人の男児がいましたが、長男は一九四五年四月三〇日、沖縄で戦死しています。二九歳でした（自家版『中島仲重先生』）。

（注1）岡田式静坐法＝一八七二（明治五）年に愛知県渥美郡田原町に生まれた岡田虎二郎が、一九〇七年ころからはじめた呼吸静坐による健康法。明治末から大正期にかけて一世を風靡しました。中島校長もこの静坐法に心酔し、宮下らにその静坐法を実践してみせていたといいます。

（注2）一九二〇年ころ「もりそば」一杯は八銭（〇・〇八円）位。現在六〇〇円としてみると、当時の二万一一三七円は現在の一億五八五二万円余りとなります。

7. 関東大震災と殉職女教師—杉坂タキのこと

『教育塔誌』という本（一九三七年一〇月、帝国教育会編纂・発行）に、関東大震災（一九二三年九月一日）のときに死んだ杉坂タキという女教師のことについて次のように書かれています。（『教育塔誌』のことは79頁のコラムを読んでください。）

「神奈川県足柄下《あしがらしも》郡酒匂《さかわ》尋常高等小学校訓導　明治三十三年三月十三日生。
大震災ニ際シ日直トシテ勤務中大震ニ遭ヒ御真影奉安所前ニテ『御真影御真影』ト叫ビツツ一死以《もっ》テ奉護シ猛火ニ包マレテ殉職ス」

杉坂タキ

酒匂尋常高等小学校は現在の小田原市立酒匂小学校。『教育塔誌』にある杉坂タキの死のようすについては不明な点があります。御真影は無事だったのか、火の中に飛び込んだのか、それとも火に囲まれて逃げ場を失ったのか、文面からでは御真影を抱いていたので、自分は死んだけれども御真影は無事だったとも読めます。

いくつかの疑問がありながら、『教育塔誌』のなかにこの記述を見つけた時は感嘆しました。そして明治三三年（一九〇〇年）三月生まれは、関東大震災当時は二三歳だと知ってもっと驚きました。二三歳の女性がこんな行動や死に方ができるのだろうか。

知人から、杉坂タキの実家が見つかったなどの連絡を受け、一九七二年一二月三日、調査に出かけました。タキの実家は御殿場線下曽我《しもそが》駅から徒歩二〇分位のところ。実家は酒屋を営んでいました。タキの兄の子・杉坂吉弥《よしみ》さんが応対してくださいました。

吉弥さんはタキのアルバムを見せてくれました。テニスのラケットを持ったタキの一五、六歳ころの姿や横浜師範当時と思われる写真がありました。ふっくらとした顔の美しい人でした。アルバムには新聞の切り抜きが貼ってありました。昭和一二年六月二〇日付、中央紙の神奈川県版のようでした（後の調査で「読売新聞」と判明）。

御真影を護って　殉職の女丈夫
追憶に蘇《よみがえ》る杉坂たき訓導ら
今年・教育塔へ合祀

と見出しにあります。昭和一二年の記事ですから第二回の教育祭での予告です。その中、タキについては次のように報じています。

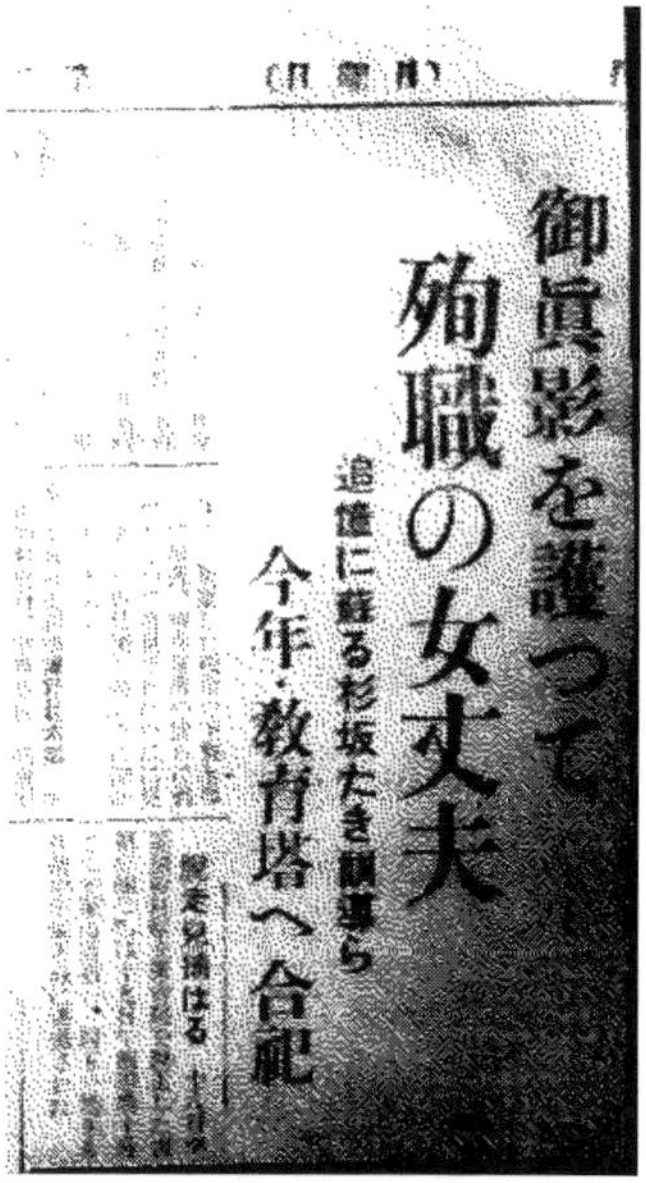
御眞影を護って
殉職の女丈夫
追憶に蘇る杉坂たき訓導ら
今年・教育塔へ合祀

合祀を報ずる「読売新聞」

「◇元足柄下郡酒匂小学校訓導杉坂たき＝足柄上郡曽我村出身、同校で奉職中当時始業式を終って児童を帰へし、当日、日直のため職員室で執務中遭難、二、三の職員は直ちに外へと叫んだが、同女は御真影を奉安せんとして遂に果さず、倒壊した校舎の下敷となって焼死、後奉安所の傍《かたわ》らに真黒となって発見されたのには、見る者その責任感の強いのに泣かされたと云ふ」

この記事は『教育塔誌』の記述とちがっています。「御真影を奉安せんとして遂に果さず」は御真影を焼失したことを暗示していますし、「後奉安所の傍らに真黒となって発見された」というのも新事実。『教育塔誌』よりくわしい新聞記事に「『御真影御真影』ト叫ビツツ……」がないのはなぜだろう。

学校を訪問しての史料調査の必要を感じました。最初に酒匂小学校を訪ねたのは同年（一九七二年）一二月一二日。その日見せていただいた「学校日誌」には震災当日のことについて次のように書いてあります。
「午前十一時五十分（ママ）関東大地震起リ校舎全部走壊（ママ）、杉坂訓導焼死、吉野西山両訓導重傷ヲ負フ。尚倒壊ト同時ニ理科薬品室方面ヨリ発火シ消火ノ方法モナク、両陛下御真影ヲ始メ奉リ　勅語謄本、諸帳簿、備品全部ヲ焼失ス」

御真影、勅語謄本も焼失したことはわかりましたが、ここにも、タキの死と御真影の関係が記載されていません。いな、むしろ無関係のようにすら読めます。「消火ノ方法モナク」にはそんな響きがあります。関係があったのなら、当時の学校にとっては名誉なことなのだから「杉坂訓導ノ努力モ空シク……」くらいはあってもいいのではないか。

その日、さらに、『創立七十五年記念』（一九五二年三月刊）という冊子も見つかりました。その中に「忘れ得ぬことども」と題する大庭ナヲ訓導の投稿がありました。同校の史料で調べてみると大庭訓導は一九二二年三月から一九四五年三月迄酒匂小学校に務めていた先生。震災の前の年から第二次大戦終了直前まで二三年間も勤務した、生き字引のような先生ではなかったでしょうか。その「忘れ得ぬことども」の内容は震災のときの思い出を語ったものです。前半は震災当日、校舎の下敷になっても辛うじて校舎から抜け出た先生方のようす。後半は杉坂先生のことです。

「まだまだ一人、杉坂先生が見えない。さぁ困った、いかに呼べどもいっかな答えなくア丶やられた。しまった。どうしやうあのおやさしいそしてお元気な御熱心な先生『杉坂先生、杉坂先生』と声張り上げても返ってくるのはこだまのみ、遂に悲惨な死体となって見出したのは翌日のことです。お兄さんがあたりの破れバケツに棒切れを箸《はし》にして先生のお遺骨を拾い集めていらっしゃった所へ丁度石井校医が見えられ、私も出逢い実にとめどない悲嘆の涙に暮れました」。

震災より三〇年近くたっているはずなのに、この原稿にある当時の校長、同僚、傷を負った同僚名など、日誌、職員録などとピタリと一致します。たしかな記憶力だと思いました。しかし、この「思い出」にも、御真影のことは一言も出てきません。これだけの記憶力と、生々しい描写の中に真実なら御真影のことが出ぬはずはない、杉坂タキの死と御真影は関係なかったのではないか、私の疑惑は深まりました。

健在なら大庭ナヲさんに会って直接話を聞きたいと思い、手段をつくして大庭さんを捜しました。そして、翌年（一九七三年）一月に大庭さんは東京北区に元気だということがわかり、一四日は電話で、一五日は北区のお住まいを訪ねて話を聞くことができました。

数時間にわたる話を要約すると次のようになります。

「御真影のために死んだとしてありますが、じつのところは、そうではないのですよ。何しろあのときはだれも自分の命のことが専門で、御真影のことを考える人はいなかったですよ。それは一人でも、だれかが『御真影を出さなくては』という人がいれば出すことを考えたかもしれませんが、あの揺れ方はひどく、ユラユラときたなと思ったら、ドシーンときて、二階がくずれてしまったんですから、取り出すことなんかできませんよ。もし取りに行けるのなら、体格の良い西山先生か、体操を教えていた星崎（大庭さんの義弟）が、取りにいきますよ。あんな頑強な男の二人が行けないのに、どうして若い女が取り出せましょう。

校長先生も、あのときは小田原で郡の校長会があって不在だったから、杉坂先生が御真影を取り出そうとして死んだということにしたのです。が、記録で杉坂先生がそのために亡くなったとなっているのなら、そうしておいてくださいよ。」最後のところを再三強調されました。

大庭ナヲさんの話で、私は杉坂タキの死と御真影は関係なかったという確信をもつことができました。校長（戸田忠利）は前記の「学校日誌」とは別の「大正十二年九月　日誌」を残しています。そしてその「大正十二年九月　日誌」には職員室の見取り図、職員室の奉安所（棚）の位置、タキの死体があった場所（奉安棚の側《そば》）などの図が校長の手書きで記してありますが、それらは校長が御真影を焼失させたことへの「弁明書」として記したものだということもわかりました。

大庭さん以外に当時の同僚で聞き取りの可能な人はいないだろうか、と捜した結果、荒井正一さん、柳川ヒデさん、高野伊与太郎さん、井上敬三さんが見つかり、話を聞くことができました。このうち、井上敬三さんは当時最も若く、翌日のタキの死体と対面した体験を話してくれました。死体のあった場所は職員室ではなく、職員室の隣、小使室の前の廊下だったこと、杉坂先生は廊下を通って下駄箱のあった方へ行こうとしていたのではないかということを話してくれました。

「その当時私なんかいっしょに、バタバタ傷ついて『もう火が出たぞ、火が出たぞ』と中でいっていらっしゃる（西山）先生の叫び声ですね、そういうふうなのを聞いて、それ（西山先生）を出すと言って大騒ぎをやった。そのことで頭がいっぱいでしたよねえ。……それで杉坂さんが見えないというんで、もういっしょうけんめい、お二人―西山さんと吉野さんを出しちゃって、避難をさして……西山さんを出したときにはもう火がゴンゴン　ゴンゴン燃えあがっちゃったんですよ。それで、あと杉坂さんが見えないというんで、ずいぶん大きな声でまわりからどなって、……したんですけれども、とうとう見つからなかったんですから……本当にどうそういうようなこと（「御真影御真影』ト叫ビッツ」のような記録になっていること）になったんですかねえ……ちょっとはっきりしないんですがねえ……で、確かに骨があったところは廊下でしたですね。間違いございませんですね。……そうなりますと、そういったいろいろ教育者の御真影に対するそういった観念といったようなもの、美しく飾られた死というふうなものがですね、どうも……ちょっとおかしくなりますから……それをねえ……」

井上さんはゆっくり、ゆっくり話されました。死者への悼み、遺族への配慮がいき届いた誠意あふれる話でした。

杉坂タキの死と御真影を結びつけたのは、戸田忠利校長だということがわかりましたが、戸田校長は〝部下〟に御真影を護ろうとして死んだ教員がいれば、御真影焼失の責任が少しは軽くなると意識されたでしょうし、教員にとっても〝名誉〟となるという善意からの行為でしょう。問題はだれが『教育塔誌』の記述のように「『御真影御真影』ト叫ビッツ一死以《もっ》テ奉護シ……」のようにしたかです。教育塔への被合祀者候補は、都道府県教育会の推薦にもとづき帝国教育会が審査決定しました。都道府県教育会の推薦のときに、戸田忠利元校長のところに照会があったのかもしれませんが、この関係の史料は学校にも戸田家にもないようです。杉坂タキが合祀された一九三七年は日本と中国との戦争がはじまった満州事変から六年目。教育勅語にいう「天壌無窮ノ皇運ヲ扶翼スル」行為として、事故死を美談として顕彰することが必要となったのです。

コラム

室戸台風と教育塔・『教育塔誌』

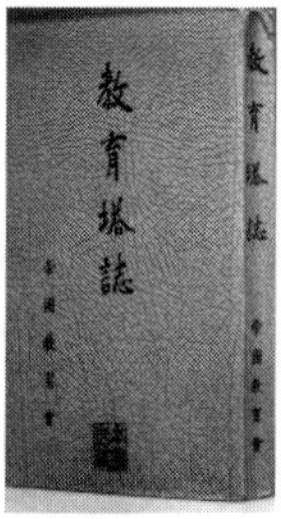
『教育塔誌』

教育塔は大阪城公園の中に建てられている高さ三〇メートルもある塔です。この塔は一九三四年の室戸台風での犠牲者をとむらうことをきっかけに建てられたものです。室戸台風は同年九月二一日、高知県の室戸岬に上陸した台風です。午前五時過ぎ、室戸測候所は気象史上空前の九一一・九ミリバール（現在のヘクトパスカル）、風速は六〇メートルという猛烈な台風の上陸を観測しました。台風は約三時間後、兵庫県和田岬から本州に上陸し、富山湾にぬけました。平均風速四二メートルの暴風雨と高潮で阪神地方を中心に大災害が発生。死者・行方不明三〇六六名、建物全半壊約八万八〇〇〇戸、船舶沈没・流失一万四四一二隻《せき》におよびました。停電で室戸からの通信手段が使えず凄い台風の上陸が阪神地方に伝えられなかったこともあって、子どもたちの登校を止められなかったのです。暴風のピークと登校時間が重なった大阪府では、木造校舎の倒壊一六四校に達し、その下敷きとなるなどで、児童六七六名、教職員一八名が亡くなりました。

この犠牲者を追悼するため、大阪市教育会が記念碑を建設する企画をもっていましたが、帝国教育会（各地の教育会の全国組織）が動き出して、その企画を帝国教育会の事業としてしまいました。その中で、たんに室戸台風の犠牲者だけでなく、一八七二（明治五）年の学制発布以来の殉職教職員、学校行事での遭難児童・学生も祀《まつ》ることに変わり、記念碑として教育塔を建てることになったのです。
教育塔が完成して第一回教育祭が開催されたのが一九三六（昭和一一）年一〇月三〇日。教育塔建設を全国（もちろん、朝鮮、台湾、樺太などの植民地を含む）規模の事業にした目的について、第一回教育祭で帝国教育会会長永田秀次郎は次のように述べています。

「教育塔の建設は永遠不滅の教育報国の殿堂換言すれば教育招魂社《しょうこんしゃ》の建設であって、教育祭は即ち師魂を礼賛し師道を発揚する教育総動員であります」

教育報国とは教育で国に報いること（国に奉仕すること）、招魂社とは靖国神社の前身ですから（戊辰戦争で官軍の戦死者を祀る招魂社の創設は一八六七年、招魂社は一八七九年に靖国神社と改称）、わかりやすくいえば、教育塔は教育関係者の靖国神社ということです。

第一回の教育祭が開催され、以後毎年この日に開催されることになる一〇月三〇日とは教育勅語の発布された日です。教育祭をとおして教育勅語の精神をさらに発揚させようとしたことはあきらかです。第一回教育祭で合祀された教職員は一三七名、児童生徒は一四三五名。翌年には第二回教育祭が催され、教職員三一名、児童生徒一一八名が祀られました。『教育塔誌』にはこの第一回、第二回の合祀者名と教職員の場合は殉職した事由（理由）が記されています。

教育塔（高さ 30m、広さ 333㎡）

8. 危険は火のみにあらず—御真影誘拐事件

一九三二（昭和七）年七月三〇日、長野県下諏訪尋常高等小学校の五味開次郎校長の自宅宛に一通の手紙が届きました。封書の裏には「七月二十九日　諏訪町藤原」とあります。五味校長には心当たりはなく、いぶかしげに封を切りました。封書には四枚の便せん。差出人は「全国ギャング団連名関西本部　ギャング団々長」と書いてあります。手紙の内容は、「貴校の御真影と教育勅語を預かっている。団員四十人が本拠の関西に帰るのに金がいる。現金六百円を払ってもらいたい。下諏訪駅より岡谷寄りに砥川《とがわ》鉄橋がある。その橋げたに三十日夜九時より十時の間に金を置いてほしい。そうすれば十一時より十二時の間に御真影は返す」、というもの。脅迫状です。もりそば一杯一二銭、理髪料金が四〇銭の当時、六〇〇円は大金です。三〇日は今夜のことです。しかし、だれとも相談できません。こと、御真

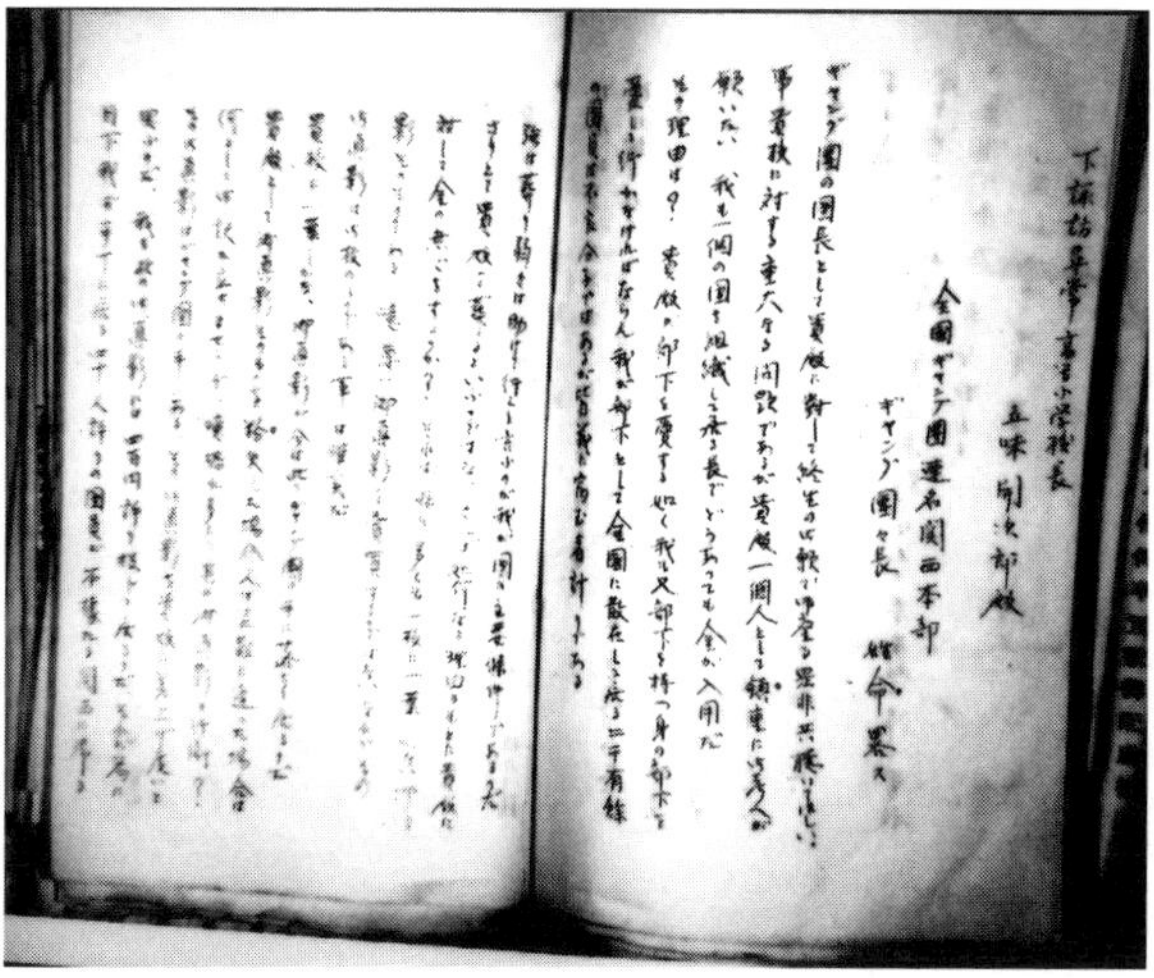

脅迫状の実物を浄書したもの（長野県公文書綴りより）

影に関しては、窃盗にあったとなれば校長の地位が危ない。とはいえ、六〇〇円という大金はすぐには用意できません。校長は一五〇円（一四〇円だったかも知れない―校長の記憶がはっきりしない）を持参し、妻が病気で、要求に応じられない旨の手紙を書いて指定の場所に置きました。夜の一一時過ぎを待ちかねるような気持ちで、校長は砥川鉄橋の返還場所と約束した場所にきました。白い風呂敷包みを発見したときは小躍りしました。しかし、中に包まれて出てきたのは皇后の写真と勅語謄本のみ。天皇の御真影がない。値切ったためだったのか？　と校長は思いました。手紙がついていて「あと、七拾円頼む」「七拾円は確実に頼むよ、出来なき時は御真影は返さないから左様承知が願ふよ」とあります。校長は何とか工面して七〇円を用意しました。そして三一日夜、校長は約束通り実行しました。しかし、犯人は金は持ち去り、御真影は返ってきませんでした。校長はその夜三回、翌日八月一日の午前中にも捜しましたが徒労におわりました。

　五味校長が懸命に捜索していた八月一日の午後、下諏訪の派出所にハッピ姿の中年男が「拾い物をしましたので」と顔を出しました。御真影を拾ったという。鉄橋の下に落ちていたそうです。届け出された派出所では、本物の御真影かどうかわからず、翌日警察署へ運びこみました。警察署で

砥川鉄橋、右が岡谷側、左が下諏訪側

も真偽がわからず、八月三日、一番列車で県庁へ行き見てもらったら、まさに本物の御真影とわかったのです。

四日、県の学務課は下諏訪一帯の学校に御真影の安否をたずねたら、すべての学校から「何ら異常なし」の回答。一方、各学校に調査員を派遣しました。下諏訪小学校にも調査員がきました。五味校長は、犯人と自分しか知らないと思っていたことが、当局に知れたことがわかり、頭の中がボーッとなり、調査員を応接室に入れ、一時間にわたり、事情を白状しました。

警察は四日、下諏訪町の亀屋旅館に捜査本部をおき、極秘で捜査を開始しました。極秘といっても旅館に捜査本部をおき、何人かの警察官が出入りしていれば報道関係者にはすぐにバレます。八月九日付の地元の新聞はいっせいに事件の報道を開始します。「学校の貴重品を盗み　再三校長を強請《ゆす》る　ギャングと自称する一味　下諏訪に近来の怪事件」（「東京朝日新聞」信濃版）。ここでは御真影の文字は伏せていましたが、「信濃毎日新聞」と「長野新聞」は御真影の盗難事件であることをはっきりと記しました。

関係方面が狼狽《ろうばい》している折も折、下諏訪町の隣村諏訪郡長地《おさち》尋常高等小学校でも御真影と教育勅語謄本が盗まれているのが発見されました。夏休み中で、同校の桑沢蓋《けだし》校長は祖母の新盆のため上伊那郡の田舎に帰省していた最中です。桑沢校長宛の脅迫状は、要求額が

下諏訪に某重大事件
刑事部長縣視學來諏
極秘裡に取調中

諏訪の蚕種
千葉から注文

「南信日日新聞（昭和７年８月９日付）

五〇〇円と少し値下げしてありましたが、文面は五味校長宛とほぼ同じ、金の受け渡し場所も同じ砥川鉄橋。指定時間は一一日、午後八時から八時半。同じ犯人からのものというのはすぐわかりました。桑沢校長は新聞紙を紙幣と同じ大きさに切ってニセ五百円の札束を作り、指定場所に持って行きましたが、犯人は現れませんでした。

長地小学校の盗難事件が判明して、一一日夜から諏訪地方の各小学校は極度の恐怖状態におちいりました。上諏訪の高島小学校では一二日夜から奉安殿前に電燈二個を付け、田中校長は一三日朝から奉安殿前に立って見張り、川岸小学校では、消防組員が徹夜で警戒にあたり、湖南村では在郷軍人が一四日夜より夜二名交代で奉安殿の警戒。湊村では金庫を購入し役場内に置いて安置することをきめました。

最もしょげかえり、いたいたしかったのは五味、桑沢校長でした。五味校長は「暑熱八月の盛夏、全部雨戸を締切って薄暗い部屋に静坐し、万一を気遣ふ同僚、部下の見張りの下に対しても絶対に面会を避け悄然《しょうぜん》と日夜謹慎の意を表してゐる。桑沢校長は家人を伊那に返し、髭《ひげ》も延びるまゝにまかせ粗末な和服姿で部下の教員に自炊して貰って居る。五味校長は家人まで屋外に出さず、度々訪ふ人があっても表木戸を開かず憔悴《しょうすい》して居る。その痛々しい謹慎振りは正視出来ない有様である」（「信濃毎日新聞」八月一四日付）。

両校長が県知事宛に進退伺を出しただけではなく、石垣県知事はじめ、古賀学務部長、土屋視学官、坂田学務課長も内務大臣宛に進退伺を提出しました。

犯人はひょんなことから捕まります。新聞報道のあった翌日の八月一〇日、下諏訪の派出所に、ある長屋に挙動不審者がいるという密告がありました。小泉甚重刑事がかけつけてみると、以前取り逃がした、強盗窃盗賭博罪など前科五犯の男とそっくり。その男はそばにあるトランクにさかんに気をくばっている。手錠をかけてからそのトランクを開けてみると、五味校長から奪ったと思われる金包みがありました。下諏訪署に連行して取り調べ白状させました。犯人は山梨県出身、下諏訪町にいた職工（二八歳）。彼には愛知県生まれの共犯者（二六歳）もいて二人とも逮捕されました。犯人の自供により、長地小学校の御真影、勅語謄本は砥川鉄橋付近のやぶの中から発見されました。

進退伺を出した人々のうち、五味、桑沢校長のみ三か月間一〇分の一の減給という、「特に寛大な処置」だったといいます。御真影や教育勅語謄本の盗難事件はそんなにめずらしいものでなかったことは、前にも記しました。しかし、従来あったこの種の事件の多くは、学校、校長、教師などへの恨みによるものでした。今回のように金品をゆするというのは「新しき犯罪」でした。この新手の犯罪は、国民全体が、なかんずく教育関係者が御真影・勅語謄本に呪縛され、すくみあがっている状態になってはじめて成立します。御真影が虫食いやカビで損傷、汚染されていても管理責任が問われ、短時間でも盗難にあったということがわかれば、確実に進退問題に発展したのです。したがって、校長は盗難の事実を隠すにちがいない、そこを見透かしての犯行です。この点犯人の方が時代の〝空気〟をよんでいたといえます。取り調べ中にいったと思われる犯人の「談片」が残っています。それによれば「かくのごときボロイ金儲け方法はない、自分としては絶対に他に漏れることなく、従って発覚することなしと思っていたのを、発覚したる為不思議に思ひたり。もし、奉還の時間を違へざれば発覚することなしと思ふ」。

犯人の方が自信満々です。実際、天皇の御真影のやりとりで五味校長との間で行き違いがなければ（御真影が橋げたから落下していなければ）〝完全犯罪〟の可能性がなかったとはいえないのではないか。

こんなに御真影や勅語謄本に痛めつけられたにもかかわらず、県学務課は「一層皇室尊崇《そんすう》の国民精神の涵養の努力」や「奉安庫の万全を期する」という申し合わせや、通牒を出すことでしか解決方法を見出さないでいました。信濃教育会の幹事は「其の犯人も本県人でなく、一人は山梨県人、一人は愛知であったといふことも信州教育界のために多少ほっとさせられた」と語っていました（「信濃毎日新聞」八月一六日付）。しかし、「教育県・信濃教育会」のこんなプライドも一か月余りで破たんします。

九月二二日、今度は上高井郡日滝《ひたき》尋常高等小学校の天皇・皇后の御真影が桑畑に棄てられているのが見つかります。犯人は同校の小使いで、酒に酔ったあげくのいたずらであったようです。しかし、小使いが御真影を持ちだした夜、宿直教員は映画見物で留守。宿直教員を映画に誘いだしたのは同校の主席訓導。原淳造校長（四一歳）にとっては踏んだり、蹴ったりです。校長は退職せざるを得なくなりました。

こうして、一連の不敬事件はひとまず幕を下ろしますが、実はこの事件が翌年一九三三（昭和八）年二月四日の二・四事件と結びついていたのです。この日の検挙を皮切りに約七か月にわたり、長野県下で治安維持法違反容疑のために六〇〇人以上の青年が逮捕されます。教育関係者の労働組合を作ろうとしたり、そのための機関誌を広めようとした教師たちです。その人たちは日本と中国との戦争を侵略戦争だとして反対したり、教員の給与支給が遅れていることを批判していました。そういう運動は治安維持法違反だとされたのです。運動にかかわった教師たちが数か月のうちに根こそぎ弾圧されました。検挙された教員は小学校で五校一三一名、実業補習学校五校五人、中学校二校二名の計一三八名。事件は途中から新聞記事の掲載が禁止されましたから、〝赤化事件〟とか〝某事件〟〝不祥事件〟として断片しか伝えられませんでしたが、九月一三日に新聞記事が解禁になってやっと全貌がわかってきました。

この日発表された当局の原稿によると、事件のきっかけとなったのは前年夏の諏訪郡下の不敬、恐喝事件でした。この事件を捜査していた警察が某国鉄（現ＪＲ）駅から盛んに長距離電話がかけられていることをつかみ、この電話の盗聴などから活動をしている教員たちの組織の存在がわかったというのです。

二・四事件で、五味校長の下諏訪小学校、桑沢校長の長地小学校からもそれぞれ二名の起訴教員を出しました。不敬事件とのダブルパンチで両校長とも退職せざるを得ませんでした。この事件を「本県教育の歴史を汚した重大問題」ととらえた信濃教育会は、事件の全貌が明らかになった九月二八日、「時局に関する宣言並びに思

南信日日新聞　昭和八年九月十三日　水曜日　（四）
全信濃を擧げて赤化のルツボに躍る
教壇から童心に魔手を延す
赤化教員の地下運動
檢擧數六百餘起訴七十七名
恐るべき二・四事件の全貌
二年前より劃策巧妙な
横斷的大赤化網
關係六十六校敎員二百八名

二・四事件を報ずる「南信日日新聞」（昭和 8 年 9 月 13 日付）

想事件についての対策」を公表しました。それによれば「国体ノ大義ヲ闡明《せんめい》シ国民ノ信念ヲ確立スルコト。一層敬神崇祖《けいしんすうそ》ノ念ヲ喚起《かんき》シ日本精神ノ真髄《しんずい》ヲ発揮スルコト」などの五項目の精神をあげています。

　国体とは天皇が統治する国の体制、闡明とははっきりさせるということ、敬神崇祖とは神を敬い、祖先を崇拝することです。

　こうして、信濃教育会は戦争へむかう国の政策に強く協力することになりました。満蒙開拓青少年義勇軍の送り出しはその一例です。満蒙とは中国の東北部をさします。その地域は日露戦争の勝利をへて、日本は開拓の権益を得ていました。総面積は約一三〇万平方キロ。今の日本の三・四倍の広さ。一九三一年の満州事変の翌年、「満州国」を建国しました。「満州国」は日本のかいらい国家でした。そこに開拓民を送り込んでいました。その人たちが満蒙開拓団。その開拓団を支援するために送り出されたのが満蒙開拓青少年義勇軍です。この義勇軍は一九三八年から一九四四年まで実施され、当時の高等小学校卒業、数え年一六から一九歳の青少年が募集されました。長野県から送出された満蒙開拓青少年義勇軍は六五九五名。全国で群を抜いての一位でした。長野県の教師は毎晩のように校区を歩いて、応募するように親を説得したといいます。御真影は悲惨な最期をとげ、現在でも中国残留孤児問題として未解決の満蒙開拓団の運命の糸の一本をにぎっていたのです。

コラム

満蒙開拓団と満蒙開拓青少年義勇軍

開拓団、義勇軍とも送出数が断トツに多いのが長野県（図表1）。図表2は義勇軍応募の動機。これを見れば義勇軍の勧誘に熱心に動いたのが教師たちであることは明白です。

図表1　開拓団および義勇隊合計送出順位

順位	府県名	開拓団員（名）	義勇隊員（名）	合　計（名）
1	長野	31,264	6,595	37,859
2	山形	13,252	3,925	17,177
3	熊本	9,979	2,701	12,680
4	福島	9,576	3,097	12,673
5	新潟	9,361	3,290	12,641
6	宮城	10,180	2,239	12,419
7	岐阜	9,494	2,596	12,090
8	広島	6,345	4,827	11,172
9	東京	9,116	1,995	11,111
10	高知	9,151	1,331	10,082
11	秋田	7,814	1,638	9,452
12	静岡	6,147	3,059	9,206
13	群馬	6,957	1,818	8,775
14	青森	6,510	1,855	8,365
15	香川	5,506	2,379	7,885
16	石川	4,463	2,808	7,271
17	山口	3,763	2,745	6,508
18	岩手	4,443	1,993	6,436
19	岡山	2,898	2,888	5,786
20	鹿児島	3,432	2,268	5,700
21	奈良	3,945	1,298	5,243
22	富山	3,775	1,425	5,200
23	福井	3,057	2,079	5,136
24	山梨	3,166	1,939	5,105
25	愛媛	2,200	2,325	4,525
26	兵庫	2,170	2,230	4,400
27	埼玉	2,900	1,968	4,368
⋮	⋮	⋮	⋮	⋮
合計		220,359	101,514	321,873

（満州開拓史刊行会編集発行『満州開拓史』）

一九四五年八月九日以後、ソ連軍が満州に侵攻。開拓団は関東軍に置き去りにされ、逃避行は悲惨を極めた。集団自決や子ども・幼児の虐殺もおきた。「敗戦時に満州にいた日本人約一五五万人のうち、死者約二〇万人の四割は開拓団員であった」(「朝日新聞」二〇一四年八月一九日付夕刊)。

図表2　青少年義勇軍応募の動機

	1940（昭和15）年度			1941（昭和16）年度		
	長野県		全国	長野県		全国
	実数（人）	割合（%）	割合（%）	実数（人）	割合（%）	割合（%）
本人	291	49.4	34.2	--------	------	-----------
教師のすすめ	248	42.1	47.4	611	81.4	77.2
家族のすすめ	32	5.4	5.9	55	7.3	8.2
友人のすすめ	1	0.2	2.5	15	2.0	3.3
官公吏の勧め	2	0.3	2.3	2	0.2	1.3
新聞	2	0.3	0.8	13	1.7	1.6
雑誌	5	0.8	2.2	12	1.6	2.2
ラジオ	0	0	0.1	7	0.9	0.6
ポスター	0	0	0.3	0	0	0.3
映画	3	0.5	0.6	8	1.1	0.8
講演	2	0.3	0.6	27	33.6	4.4
拓務講習	0	0	0.8	0	0	0
義勇軍と通信	3	0.5	1.1	0	0	0
その他	0	0	1.2	0	0	0.2
合計	589	100.0	100.0	750	100.0	100.0

＊ 1941年度は調査項目に「本人」はない。
（長野県歴史教育者協議会編『満蒙開拓青少年義勇軍と信濃教育会』大月書店）

9．ある国民学校助教の不敬事件

『特高月報』という冊子があります。特高とは特別高等警察の略で、天皇暗殺を計画したとする大逆事件の翌一九一一年に設置されました。社会運動や、言論、思想を取り締まる警察です。その特高警察の内部文書が『特高月報』。その一九四四年分には次の記事があります。

「不敬言辞　群馬県碓氷《うすい》郡豊岡村大字下《しも》豊岡三二〇　元国民学校助教　小林鍈一《えいいち》（25）客年《かくねん》（昨年）七月頃　宿直勤務当日　夕食等の為遅参したるを　同校小使戸塚りやうに詰問《きつもん》せらるるや、宿直宿直と言ふが宿直などしなくも同じ事だ、御真影など何でもない、御真影は只の紙でしかない、宿直などする必要はない。と不敬言辞を弄す（十二月十七日検挙、本年一月六日不敬罪として送局す）」

小林鍈一

一九四三（昭和一八）年七月に、国民学校の助教（注1）が、御真影に不敬なことばを吐いたので検挙されたというのです。〃欲しがりません　勝つまでは〃とか〃鬼畜米英〃の標語とともに天皇を中心に戦争に勝ち抜くという考えに国中が染められていたと思われるその時に、御真影に対して、たとえ口論中とはいえ、積極的にその尊厳を冒瀆《ぼうとく》するということは、きわめて異例なことであったにちがいありません。ほんとうにそんな〃気骨〃のある教師がいたのだろうか。私がこの史料の存在を歴史学者の家永三郎先生に教えられたのは一九七五年。一九四三年に二五歳だったという若さに望みをつなぎ、この史料にある小林鉄一という人が健在ならば会ってみたいと思いました。碓氷郡豊岡村は現在は高崎市になっているに違いないと見当をつけ、高崎市をさがした結果、小林さんの自宅を見つけることができました。初めて小林宅を訪ねたのは一九七五年の一二月二二日。奥さんが美容院を営んでいました。小林さんは私を奥のコタツに招き入れて、よく話をしてくれました。話は一日では終わりませんでした。小林さんは教師になりたての当時、克明な日記もつけていました。話を聞くためとその日記を見せていただくために、その後しばしば高崎を訪れました。以下は、その話と日記の要約です。

小林鉄一は高崎中学（現高崎高校）を卒業後、一九四一年四月碓氷郡里見村国民学校の助教として教員生活の第一歩をふみだしました。勤めはじめてから一週間くらいたったころ、夕方、校長が小林一人を校長室によびました。そして、しんみりした声で話しかけてきました。

「小林君、君も知ってるとおり、学校には御真影がある。奉安殿というものもある。もし御真影が火事で焼けたとか、あるいはどこかへなくなっちゃったとか、君の宿直の晩にそういうことがおこったときは、きみ、すまないけれど死んでくれないか。」

校長が新任教員をつかまえて、御真影の大切なことを話すのはわかる。しかし、小林にとって「死んでくれないか」は、あまりに唐突でした。なぜ急にこんなことを言い出したのかと、小林はしばらく黙っていました。すると校長はことばをついで、

「君一人を死なせやしないよ。」

このことばを聞いて、小林は無性に腹がたちました。こうした〝泣かせる〟ことばで校長は若い教員を「愛国者」として〝手なずけてきたのか〟ということがピンときました。もう黙っていられなくなりました。

「私は、就職するについて、県からもどこからも、そのようなことを言われたことはありません。今聞いてびっくりしました。月給三八円と臨時手当一〇円、合計四八円の給料のなかに、死ななければならない責任が含まれているのですか？」

と、思わず吐いていました。トゲのあることばをオブラートで包むように笑いながら言ったつもりでしたが、校長の顔色がサッと変わりました。言いすぎたと思って、小林は「御真影といっても紙なんだから、いいじゃないですか。どこかで複製か何かを作ってごまかせないですか？」と、つけくわえてみましたが、ますます毒のあることばになってしまうのを、どうしようもありませんでした。

「あんなにたまげたことはなかった」と、後日、校長は小林の同僚に語ったそうです。

このやりとりによって、小林は要注意人物としてマークされることになりました。里見校の校長にとって、小林はけむたくて〝危険人物〟でしたが、すぐにクビにはしませんでした。小林は子どもの信望が厚かったし、出征のために若い男子教員が少なくなってしまい、宿直する者が不足するということもあったかもしれません。翌一九四二年の一～二月にかけて、小林を豊岡村国民学校へ転任させるというかたちで、その場をしのぎました。

豊岡校には中沢喜三郎という教頭がいました。中沢は柏木義円《かしわぎぎえん》（注2）を尊敬していたクリスチャンでした。柏木義円は群馬県の安中教会の牧師で、日露戦争に反対し、また御真影を神聖視する教育方針を強く批判していました。中沢の援護があったために、小林はしばらく比較的自由にふるまえましたが、一九四三年の正月が明けると学内は騒然となりました。子どもの集団万引き事件が明るみに出たからです。豊岡校の児童約一〇名が、本、帳面、学用品などを万引きしたことがわかり、二月末には「山間村の都市隣接村の国民学校」として新聞発表されたといいます。この万引きに加わった生徒の中で、最も多かったのは六年担当教員Aのクラスの生徒でした。Aは要領のいい男で、海軍の服装で登校したり、思想対策講習会をはじめ、講習会というと必ず出席し、学校にはいたことのないような男でした。そのため、六年の隣の組の女教師がAのクラスのめんどうもみなければなりませんでした。すると、生徒たちはその女教師を馬鹿にして、いうことをきかず、Aのクラスはガタガタになりました。万引き事件の原因でもあります。この事件のため、中沢教頭は責任をとって辞任。代わって教頭に赴任してきたのは、戦地帰りのBで、戦争に行ってきたことが自慢でしようがないというふうでした。

小林は一九四三年五月二一日の日記に次のように記しています。

「今度の教頭は支那事変（注3）に出陣、その体験を教育に生かそうといふのである。結局、理論より生み出された理想的教育といふものはだめだ。現実の戦争なら戦争に主力を打込むのが真の教育である。その点、弾丸の洗礼をうけない人間は将来教師の資格がない、といふことだ。」

がぜん、校内の雰囲気が悪くなり、「小林を葬れ」という声も陰でささやかれるようになりました。

そのころ、豊岡校では、男七人、女八人くらいの教員のうち、男で独身は小林一人。宿直は男の教員が交替でやっていましたが、所帯持ちの教員は配給の受け取りなどで度々外出しなければならず、宿直をやるのは負担が大きく、小林に宿直を頼むことが多かったのです。一か月のうち、二〇日くらいを小林が宿直をするのがざらでした。こんなに頻繁でしたから、ときには家でゆっくり風呂に入ってから学校に宿直をしにくることもあったらしい。『特高月報』に記されている出来ごとがあったのも、こんな時期でした。小林の記憶はうすれていますが、「七月頃と書かれているが、七月には辞職勧告を受けていますから、小使いとの一件があったのは四月か五月、少なくとも七月以前だと思いますよ」と語っています。

結局、小林は一九四三年七月三一日付で「願により退職を命ず」の辞令を受け取り、わずか二年四か月で国民学校助教の地位を追われたのです。

浦野芳雄

ところで、小林が国が強要する思想に染められず、比較的自由に物事を観察することができたのはなぜなのでしょうか。それは小林が幼児期から先天性白内障による強度の弱視に苦しみ、弱者の立場から社会を見てきたということが影響したということが第一にあげられましょう。小学六年生のときには手術のため、約半年間東京の眼科病院に入院、その後も通院でほとんど学校へ行けず、六年生は欠席のままで修了しました。

そして第二に、浦野芳雄との出会いです。浦野は碓氷郡豊岡村（現高崎市）にいた俳人、思想家で『俳句鑑賞論』『一茶論』『俳人一茶』『芭蕉論』などの著作もあります。小林にとって高崎中学の先輩でもあります。
浦野の句に次のようなものがあります。

小作米　一夜の富に積まれけり
小作米　犬に鳴かれつ納めけり
納め来て土間の広さよ　小作米
風呂吹《ふろふき》や　飼殺さるゝ寺男
眉白き　少将送る夜寒かな
万骨を枯らさで還《かえ》る　師走かな

地主に小作米を納めなければならない小作人、風呂吹き大根の惣菜一つでこき使われる寺男、眉が白くなった高齢でも徴用される友人（少将）、〃一将功成って万骨《ばんこつ》枯る〃といわれたように、一兵卒の命が〃鴻毛《こうもう》〃（鳥の羽根）のように軽くあつかわれたなかで、帰還した兵士を喜ぶ。浦野の眼はいつも社会的な弱者の上に注がれていました。

小林が浦野と知り合うのは一九三八年、高崎中学四年生のとき。俳句を見てもらったのが縁で交流がはじまり、浦野は小林にとって人生の師ともなっていきました。小林が辞任したときも小林を励ましつづけた浦野でしたが、浦野にも危機は迫っていました。じつは、小林の検挙も浦野逮捕のための証拠固めの一環でした。

小林が検挙されるのは豊岡校をやめて二か月余りたった一九四三年一〇月一八日でした（『特高月報』の一二月一七日は誤り）。その日の朝七時ごろ、小林家は高崎署の刑事二人に踏みこまれました。

警察署に連行され、留置場に入れられましたが、小林にはなぜ逮捕されたのか見当がつきませんでした。やがて取調室に連れ出され、小林の座る机の上に刑事が置いた分厚い綴りの表紙を見て驚きました。「浦野芳雄関係」とあるではありませんか。浦野の交友関係調べの一環で捕まったことと、刑事とのやりとりのなかで、宿直の晩に小使いと交わした会話（御真影への不敬なことば）などを密告されての容疑であることがわかりました。小林は真意ではないことを訴えましたが、結局二か月留置場に入れられることになります。この間、知り合いの県会議員や警察医の働きかけがあり、刑事の取り調べも軟化。「何か一つやったと認めてくれ」といい出すようになりました。寒さもつのり、小林は早くここを出たいと思い、必死で考えました。御真影への不敬言辞を認めれば不敬罪になることはわかっていました。しかし、天皇への直接攻撃ではない、何といっても御真影はもともと紙きれだ、不敬といっても間接的だ、これを認めても大したことにはならないのではないか、しかも、他人に迷惑をかけないですみそうだ。小林は不敬言辞だけは認めることにしました。そこで、翌年二月二日、不敬罪（起月一六日、帰宅を許され、書類を前橋検事局へ送られました。そこで、翌年二月二日、不敬罪（起訴猶予）ということで落着しました。小林への不敬罪が言い渡された数か月後、浦野が逮捕されました。一か月ほど留置されたのち、罰金刑（流言を流した罪？）が言い渡されたようです。

以上が『特高月報』に記載された一つの不敬事件の顚末《てんまつ》です。戦時下にはささいな日常生活の会話までが処罰の対象となった一例ですが、そんな時代であっても良心に忠実であろうとした教師や市民がいたということを示している例でもあります。

（注1）国民学校は一九四一年四月から、それまでの小学校の名前を変えて開始された学校。その年の一二月

に米英などとの戦争がはじまりますが、その戦争に勝ち抜くための教育内容になっていきました。助教は正式教員ではない教師。

（注2）柏木義円については一五一頁（あとがきにかえて）参照。

（注3）支那事変とは日本と中国との戦争が本格的になった一九三七（昭和一二）年七月七日の盧溝橋事件以後の戦争のことをいいます。

第Ⅲ部

教育勅語はなぜ廃止されたの？

焼け跡の青空教室。戦争が終わって表情には明るさがうかがえる（写真提供：共同通信社）

変わり身校長

負けました…
うむ
これも我々の報国の力が足りなかったせいです
済んだことを言っても仕方ないよ
ところでご真影や勅語謄本はどうしたら――?
これからはアメリカ様の世の中だからねえ
そーだ!!
大統領の写真をかわりに拝むことにしよう!

今ならコピーして

＊汚すとすごく怒られました。

あのヒト

＊退位することになりました。

実を言うとまだ

というわけで
勅語もご真影も廃止になったのよ
わかった?
それでアメリカはいつ引き上げたんだ?
占領がおわって独立したんでしょ?
……
……?
してないかもしれない
偉そうにゴメンね

1. 空襲のもとでの御真影・教育勅語謄本

太平洋戦争中、日本本土への初空襲は一九四二（昭和一七）年四月一八日、航空母艦ホーネットから発進したB25爆撃機一六機によっておこなわれました。この日午後零時半、東京に第一弾を落とし、その後、川崎、横須賀、名古屋、四日市、神戸などに爆弾を投下して、東シナ海を抜けて中国へと飛び去りました(注1)。これが手始めでしたが、日本への空襲は、一九四四年六～八月米軍がマリアナ諸島のサイパン、テニアン、グアムを制圧してから本格化しました。アメリカのボーイング社が設計製造した大型爆撃機B29の出現と木造家屋を焼くことのできる油脂《ゆし》焼夷《しょうい》弾の開発が被害を大きくしました。B29は航続距離五〇〇〇キ

空襲を受ける東京市街、1945年5月25日

ロメートル以上、高度一万メートル以上を飛行できるので「超空の要塞《ようさい》」とよばれました。沖縄のことは別のところで記しますが、本土への本格的な空襲は一九四四年一一月からです。一一月二四日、マリアナ諸島の基地を出撃したB29が中島飛行機武蔵製作所（現東京都武蔵野市）を空爆。はじめは軍需工場への爆撃でしたが、一九四五年三月一〇日の東京下町大空襲からは、主要都市の住宅地も工業地帯も区別なく空襲するようになります（無差別空襲）。

長崎原爆のきのこ雲、1945年8月9日

東京大空襲・戦災資料センター（東京都江東区）の調査によれば、民間人の死者数は、広島・長崎の原爆投下の犠牲者（一九四五年末迄の集計）を計二一万人、それ以外を二〇万三〇六八人としています。（「東京新聞」二〇一五年八月二日、世界と日本　大図解シリーズ）

こうした空襲下、学校の御真影や教育勅語謄本はどうなったでしょうか。

一九四三年九月一七日に文部省は「学校防空指針」を出します。そのなかの「学校に於ける自衛防空」には空襲下で学校を護る「主眼」として次の四項目をあげています。

（1）御真影、勅語謄本、詔書訳本の奉護

（2）学生生徒及び児童の保護

（3）貴重なる文献、研究資料及び重要研究施設等の防護

（4）校舎の防護

児童、生徒の保護より、御真影、勅語謄本の「奉護」が優先されたのです。

東京では、都区内の各小学校、中等学校の御真影及び勅語謄本は、西多摩郡氷川《ひかわ》・同郡五日市・同郡三田・同郡吉野の四つの国民学校に疎開と決定し、前記疎開先の各国民学校長に対し、一九四四年八月二八日、東京都名で「東京都西多摩郡○○御真影奉遷所長を命ず」という辞令を出しました。

四つの国民学校に集結させた御真影は、区内各学校長が各奉遷所ごとに四名ずつ交替で不寝番の警護にあたりました。奉遷所長は万一に備えて、第二、第三奉遷所を用意し、奉遷所が危険に瀕した場合に備えて、婦人会、警防団（民間の防衛組織）を組織しました。

疎開させなかった学校では、空襲が多い夜間はやはり宿直の教員が頼り。兵役などにとられて男子教員が少なくなってしまった学校では、女教師が二人一組で宿直をやるところも出てきました。それでも、犠牲者を防ぐことは出来ず、次のような殉職者を出しました。

◆空襲による御真影・教育勅語謄本など守護のための殉職者一一名（いずれも一九四五年。出典の明示のないのは「教育塔合祀者名簿」〈戦後、帝国教育会から教育塔の管理を引き継いだ日本教職員組合が作成〉。出典のカタカナはひらがなに改めた。）

(1)四月五日　名古屋市旗屋国民学校校長　高瀬真砂（五四歳）

市役所に御真影奉護当直中、廊下暗き為誤りて階段より落ち顔面部を強打、翌日遂に殉職

(2)四月二〇日　鹿児島県鹿屋市田崎国民学校訓導　大石伝吉（四四歳）

空襲により御真影奉護し奉護中殉職（注記：日付は四月八日の誤り）

(3)五月二一日　鹿児島県大島郡大城村岡前国民学校訓導　田畑武秀（三七歳）

勤務先校が空襲を受け御真影奉遷の位置選定の帰途直撃弾を受け死亡

(4)六月一七日　福岡県大牟田市第四国民学校訓導　溝口恭令（一六歳）

空襲中附近の民家炎上せるに当り奉安殿奉護のため壕内より飛出でん直後大量焼夷弾のため即死

(5)六月二〇日　福岡県糸島郡雷山国民学校訓導　萩原秀二（三九歳）

空襲中御真影を奉遷せんとし至近弾を受け死亡

(6)六月二九日　長崎県佐世保市八幡国民学校訓導　荒木毅（二七歳）

空襲の際御真影を奉遷せんとし焼夷弾にて奉安殿の前に倒れ死亡

(7)七月四日　兵庫県城陽国民学校校長　大西要

空襲の際御真影奉遷中、直撃弾をうけ殉職

(8)七月一〇日　埼玉県入間郡入間国民学校校長　小久保好蔵（五三歳）

午前九時頃敵艦上来襲の情報で御真影奉遷を決意し、奉安殿の鍵を取り出すために職員室に飛び込み玄関を出ようとした利那敵小型爆弾が校舎に落下しこのため校長は右脚に重傷。すぐに川越市埼玉病院に入院手術したが、翌日死去した（「埼玉新聞」一九四五年七月一三日付）

(9)七月三〇日　奈良県高市郡阪合国民学校校長　黒田一義（四四歳）
空襲により御真影奉護中校長室にて爆死す

(10)八月七日　鹿児島県津貫国民学校訓導　西秀雄（三六歳）
御真影奉護任務中空襲により殉職

(11)八月八日　福井県福井市和田国民学校訓導　酒井美枝（二三歳）
空襲の最中御真影奉遷中爆死（注記：日付は七月一九日の誤り）

「教育塔合祀者名簿」の記述は簡単で、くわしい殉職の模様ははっきりしませんが、(11)の酒井美枝訓導の場合は、私が一九八〇年に二回の現地取材を実施、(7)に紹介した大西要校長の殉職の模様は、現地取材もしましたが詳細な記録（手記）が残されているのでそれを紹介します。

酒井美枝

『福井県教育百年史』や『福井市小学校百年史』などによって調べると、福井市における女子教員の宿直は一九四五年七月一〇日以降に実施されました。酒井美枝訓導が勤めた和田国民学校（現福井市立和田小学校）が女教師の宿直を開始するのは七月一九日。相棒は朝倉千恵子訓導。朝倉訓導は、新卒で赴任したばかりで、就職して三か月余りで宿直をやろうとは思いもしませんでした（朝倉〈現清水姓〉千恵子さんからの聞き書き。一九八〇年七月二九日）。

当直の夜、七時半か八時ごろ蚊帳《かや》をつりました。朝倉千恵子はそのまま床につきましたが、酒井美枝は蚊帳の外で手紙を書いていました。書き終えると床に入って、「姉や友達にちょっと書いていたの」。大阪に姉がいるのだそうです。ほどなく、二人は眠りにつきました。うつら、うつら、うつらしていると、「空襲だ！」とおこされます。

奉安殿を開ける鍵を持って、二人は奉安殿の方に急ぎました。奉安殿は校舎とは別棟。二人ともはだしで走りました。奉安殿から御真影を出していると、校長が自転車でかけつけました。御真影を校長に渡すと、二人は重要書類を運び出すために職員室にとって返しました。学籍簿などの重要書類はたんす状の箱に入っています。その箱の上に棒を通し、前後を二人で担ぎました。

御真影を背負った校長が先に立ち、学校の前の道を東へ東へと逃げました。校長は「早くこい！」と何度も叫びます。だが、箱は女二人にとっては重く、なかなか前に進めません。照明弾が頭上に輝き、焼夷弾がヒューヒュー、バラバラと落ちてきます。

同僚の梯《かけはし》時広先生がかけつけてきました。「おお、来てくれたか。ぼくは学校を見てくるから、きみ、頼む。」校長は、そう言って、背中の御真影を梯先生に渡し、学校に戻りました。

今度は、梯先生が御真影を背負いました。爆弾や焼夷弾の音が近づいてきます。箱を置いて伏せる。二人はそれを二、三回くりかえします。学校から二〇〇メートルくらい進むと農道に出ました。また焼夷弾。三人は、木の下に並んで伏せました。酒井美枝は朝倉千恵子の右五〇センチほどのところにいました。朝倉千恵子は、一瞬、顔を上げました。すると、酒井美枝は「カクン」と急に首を落としました。直撃弾に当たったのか、酒井美枝は、もう一言も口をきかなくなりました。

「〝先生、シッカリ〟と、手や足をいくらひっぱっても、そのままでした。その時も、なお上からは盛んに焼夷弾が落ちてきました。酒井先生の頭の前に落ちた一弾はすぐ発火しました。〝ジュッ、ジュッ〟と（酒井先生の）頭から顔面、胸にと燃えうつっていく火を見ているだけで、どうすることもできませんでした。せめて川へひきずりこんで火なりと消そうと、もがきましたが、それさえだめでした。〝酒井先生が死んだ！〟大声で二、三間先の梯先生に告げると、〝エイッ！〟とそれっきり。〝こちらへ来い、アブナイ〟〝そこは仕方がない、こちらへ来い〟。
周囲の田の中へおちた弾からも、一せいに火があがりました。ものすごい爆音とともに、さらにB29の編隊はつづきます。町の方は火の海になりました。あんな中には犬の子一匹生きていようとは思われません」（『和田区史』中の朝倉千恵子寄稿の手記）

以上で明らかなように、酒井美枝は宿直の夜、御真影を持ち出すのに奮闘しましたが、最後は学校の学籍簿など重要書類を運搬中に殉職したのです。この重要書類は一八七三（明治六）年の開校以来の、和田校地区住民のかけがえのない記録でした。酒井、朝倉両訓導の献身がなければ、この貴重な財産は失われていたかもしれません。『和田区史』が「故酒井先生を悼む」の一節をもうけ「先生の御英霊と重要書類は永久に和田小学校に残されたのであります。今この郷土誌編纂に当って重要なる資料の織りこまれている書類を見る時、その泥まみれの紙片に先生の赤く尊い血潮の一滴があることを想起されて、唯々感謝の涙がこぼれるのであります……」とたたえて記述しているのは、全校区民のいつわらざる気持ちだったでしょう。御真影のかげにかくれてしまっているこの功績は忘れるべきではなく、殉難事跡にも明記すべきものと思います。

一九八〇年一一月八日、酒井美枝の墓参と取材の補強のために、ふたたび福井市を訪問。清水（旧姓朝倉）千恵子先生と一緒に酒井美枝の実家も訪ねました。実家は福井市の郊外、上河北《かみこぎた》。酒井家は美枝の兄の子・酒井祥次《よしつぐ》さんが継いでいました。祥次さんの奥さん・勢津子夫人が応対してくれました。床の間にめがねをかけた若い女性の写真が置かれていました。直感で酒井美枝訓導に違いないと思いました。清水先生も写真を見つけて「まあ、酒井先生！　なつかしいわ……。待っていてくださったのね」とことばをかけていました。清水先生は空襲でアルバム等すべてを焼いてしまい、宿直の夜、別れて以来、写真でも酒井美枝と対面したことはないといいます。美枝の父親が「昭和二十一年二月建立」の美枝の墓にも案内してくださいました。「殉職　酒井美枝之墓」の墓碑には次のように刻まれていました。

「昭和十五年四月福井県鯖江女子教員養成所ヲ卒業スルヤ足羽郡上宇坂村同社村南国民学校ニ奉職　昭和十九年四月福井市和田国民学校ニ転任今日ニ及ベリ

昭和二十年七月十九日福井市空襲ノ際当校モ爆撃焼失ヲ蒙レリ当時女子始《ママ》メテノ宿直ニ当リ御真影及重要書類奉持シ東町ニ於テ避難中不幸直撃弾頭部ニ受ケ即死殉職ス」

「教育塔合祀者名簿」の記述より正確であり、一面的な美談にしていない碑文に救われる思いがしました。

なお、七月一九日の夜の福井市空襲は、一〇時一五分に警戒警報発令。一〇時五五分ごろ空襲警報。空襲警報とほぼ同時に空襲が開始されました。B29一二八機（一二七機ともいいます）によるもので、二時間にわたって爆撃がつづきました。市街地の九六％の家（二万三〇八六戸）が焼失し、被災人口は九万六九四〇人、その後死亡した人も含めると死者は約一七〇〇人、焼失した国民学校は一二校に及びました。和田国民学校も校舎は全焼しましたが、皮肉なことに奉安殿だけは焼失はまぬがれました。（空襲の被害の数字は『福井空襲史』福井空襲史刊行会刊による）

殉職者リスト(7)の姫路市の空襲は一九四五年七月三日。当夜、城陽国民学校大西要校長と川端貞明訓導は宿直でした。以下は『兵庫県教育史』にある川端訓導の手記です。

「午後十一時四十分、空襲警報発令される。当日宿直の勤務にありし大西要校長と自分はすばやく身支度を整え、直ちに奉安殿に行かんとして講堂前までかけつけるや、西の方姫路駅をはじめ海軍衣糧廠《しょう》には敵の焼夷弾無数に落下、火焔天《かえんてん》をこがしそのさまたとえようもなし。すぐさま講堂入口の扉を開かんとするも開かず。遂にこれを蹴破って飛び込みうす明りを頼りにおののく手に奉安殿の御扉を開き、御真影を取り出す。直ちに校長は御真影をしっかりと背負い、自分はこれを護衛す。そばに居合せた清水使丁《してい》（用務員）をうながし校庭の御真影退避壕に入らんとするも敵弾間近に落下する恐れあるをもって付近の堤防に

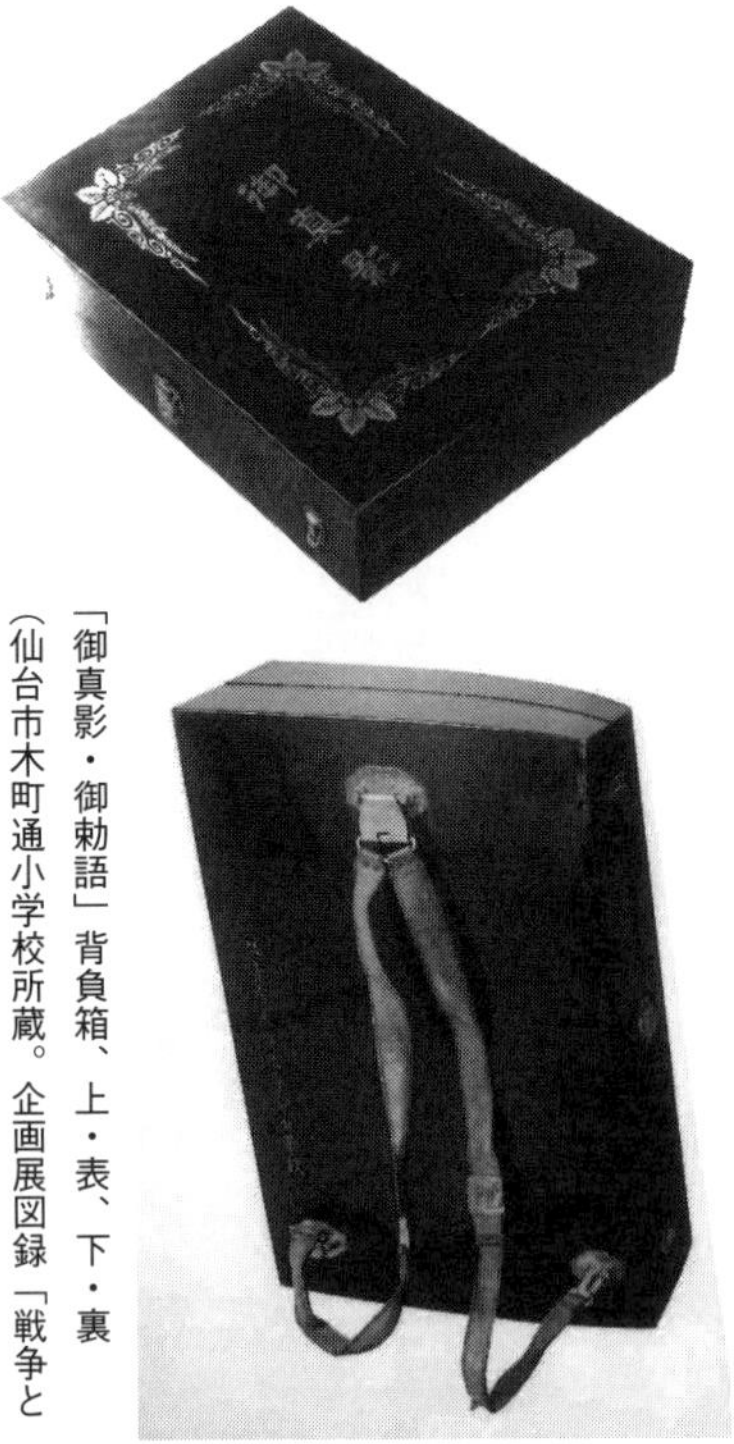

「御真影・御勅語」背負箱、上・表、下・裏（仙台市木町通小学校所蔵。企画展図録「戦争と庶民のくらし2」仙台市歴史民俗資料館発行所収）

一時退避する。……

校長の発言にて付近の松林に待避せんとす。御真影を背負いたる校長を先頭に自分がこれにつづき、道をまっしぐらに突進す。時しもあれ、またも敵機の爆音を頭上に聞く。直ちに校長は田のあぜ付近に、自分はそれより約一メートルはなれたる道路の傾斜面に伏す。と同時にあたりには焼夷弾無数に落下。火の粉は雨霰《あられ》と降り注ぐ。

ふと我にかえればあたり一面火の海にて、身は火だるまと化す。直ちにその辺の土の上をころげまわり、又身体に泥をぬりつければ体につきたる火は消えたり。さっそく退避せんとして校長を呼びたるに答えなし。ふしんに思い校長のもとにかけつければ、ああ無惨！　校長は敵弾の一発を腹部に、さらに一発を腰部に受けたり。

『しっかりしてください』とだきおこせば、大腸すでに露出、血潮は滝つせと流れたり。すぐさま応急の手当をなし、『がんばってください！　校長！』と声を限りに叫び続ければ、苦しい息の下より『御真影を頼む』の一言。さっそく御真影を校長の背よりはずし、しっかり背負う。……その辺を転《ころ》びつまろびつ松林にかけ込むや、またも憎むべき敵弾は松林付近に夕立のごとく降り注ぐ。……

されど校長先生の身あまりに案じられ、遭難現場にかけつければ、そこに尾上先生はじめ二人の婦人および一軍人看護に全力を尽しおられたり。さっそく『校長先生』と呼びかくれば、『御真影は！』と苦しき息の下かすかに聞かる。『校長先生、御真影は御安泰ですぞ。しっかりがんばってください。』と言えば、苦しきなかより両の手をさし出し『御真影を』と申さる。さっそく御真影を差し出せば、校長先生はふるえる手に御真影をかき抱き、ひしと握られる。この手は死すともはなさじと思えるなり。恐れ多くも御真影を包みし白布はために真紅にそまる。『校長先生がんばってください』『校長先生！』と口々に呼びつづければ、校長先生は『天皇陛下……』とかすかに申さる。『天皇陛下万歳ですか』と問えば、かすかにうなずかる。一同泣きながら『天皇陛下万歳』と大声に三回唱えれば、校長先生は三回固く握れる指を伸ばさる。……

このころより校長先生には意識不明瞭となりつつもなお『御真影は』と叫びつづけ御真影の背負い紐をしっかりと握りてはなされず。それ故校長先生には御真影の背負い紐だけをはずして握らせ、戸板にのせてかつぎ行く。……」

川端訓導は一九六五年に亡くなっていましたから、取材はできませんでしたが、この手記に出てくる看護に当たった婦人の一人、中塚たつ子さんにはお会いでき、手記を読んでもらいましたから（一九七四年八月五日）、手記の事実は間違いのないことのようです。中塚さんは大西校長が直撃弾を受け、倒れているのを発見した人です。

「『どなたですか』と聞きますと、『ジョウヨウ　コウチョウ、ジョウヨウ　コウチョウ』とかすかに言われるのです。『城陽校の校長先生ですか？』とおたずねすると、わずかにうなずかれるんです。神さん（様）の水筒の水を飲ませてあげました。」中塚さんは天理教の信仰をもっていました。「傷口の応急手当をしていますと、校長先生は、手をこうして上にあげて、何かさがしていらっしゃるようすなのです。『何か？　何か？』とおたずねすると、『御真影、御真影』と申されるのです。責任感が強い方だなと感激しました。」

息を引き取る直前、意識が混濁していても、御真影の守護のことを叫びつづける。天皇のために命をささげることが最高の道徳であったとすれば、その分身である御真影を命がけで守るというのも、また当然のことでした。

一九八九年一月一七日付の「朝日新聞」「テーマ談話室」欄に、六〇歳、元高校教師・森田定治さんの投書・「広島に原爆の落ちた夜」が掲載されました。「広島に原爆の落ちた八月六日、当時私は高等師範学校二年生で被爆した。六日の夜は死体埋葬作業が進められた。次から次へと運ばれてくる死体に石油をかけて焼いたが、深夜は奉安殿の警備にあてられた。学校は全焼して崩れ落ちたが、奉安殿は鉄筋だったため焼け残っていた。……一瞬にして二十数万の命が消えた夜、なぜ奉安殿の警備かと、私は分からなくなった。」(注2)

教育勅語体制と言われた教育の行きつく先を象徴的に表しているできごとといわなければなりません。

(注1) 日本本土初空襲による被害は死者約五〇名、負傷者四〇〇名以上、家屋二〇〇戸全焼など。この空襲で東京市の国民学校高等科一年生石出巳之助が直撃弾で死亡しました。政府と軍部は初空襲になすすべもなく一機の爆撃機も撃墜できず、面目丸つぶれとなったことをごまかすため、またアメリカへの憎悪を増幅させるシンボルとして石出少年の死を宣伝しました。詳しくは大今歩著「教育塔と『慰霊』『顕彰』」(『教育の「靖国」』樹花舎所収)を参照。

(注2) 広島への原爆投下による死者(一九四五年八月から同年一二月末迄)は、現在では一四万二四三〇人とされていますが(「東京新聞」二〇一五年八月二日、世界と日本　大図解シリーズ)、投書のままとしました。

2. 敗戦と学校・子どもたち

一九四五年八月一四日、日本政府はポツダム宣言の受諾を連合国側に通告して敗戦。そのことを、天皇は翌一五日の「玉音放送」で国民に伝えました。教科書では「日本　ヨイ國、キヨイ國。世界ニ　一ツノ　神ノ國。日本ヨイ國、強イ國。世界ニカガヤク　エライ國。」(二年生用修身『ヨイコドモ　下』一九四一年)と教えられていたし、毎朝のように朝礼では「お前たちはもっと敵を憎まなければならない。憎みかたがたりない。アメリカの子どもたちは、一番嫌いなものは何かときかれたら、はい、日本の子どもですと答える。お前たちも、もっともっとアメリカの子どもを憎め」と熱弁を聞いていた(高知市の国民学校五年生岩井和子の回想『8月15日の子どもたち』晶文社)子どもたちにとって、敗戦の報はショッキングなことでした。当時鳥取県に集団疎開していた神戸市の国民学校の教員は「この放送を聞いたとき、一人の生徒が『先生のうそつき！　うそつき！』とわたしにむしゃぶりついて泣いたのには、返すことばもなく、ただ暗然とするばかりであった」と述懐しています(『兵庫県教育史』)。

「日本は負けた。私は大変な誤りを犯した。昨日まで皆に教えていたことは間違っていた。申し訳ない」と全校生徒に向かって、講堂の壇上から深々と頭を下げた校長もいたようですが(福井県立三国高等女学校・藤村徳助校長。新潟県、樋口麦子さん八五歳の投書。「朝日新聞」二〇一七年九月四日付）、こうした教師は少数でした。

八月二〇日にこんな訓話をした校長もいます。「私からも又先生方からも度々皆さんに対して、必ず勝抜くといふことを話して来ましたが、この様になって勝つことが出来なくなってしまったのであります。天皇陛下の仰せのまゝに戦争をやめねばなりません。負けたのですから、これからの私達、皆様の苦しさは並大抵ではありません。外国人が威張っても我々はどうすることも出来ません。詔書の中にも帝国の苦難は固《もと》より尋常でない。臣民の苦しみは朕よくこれを知ると仰せ下さってゐるのであります。もったいなくも体の苦しみ心の苦しみをよく知ってゐるぞと仰せ下さってゐるのであります。（中略）今回の新らしい爆弾にしても、若《も》し日本がこれを使ふことが出来てゐたら、こんな事にならなかったかも知れません」（『加古川小学校式日訓話記録』加古川市史編さん室）。

学校現場が戦時中とおなじであったのは、文部省の姿勢にも影響されていました。八月一五日、文部省は文部大臣太田耕造名で次のような訓令を出しています。

「未曽有ノ国難ヲ結果シ国歩ノ蹉跌《さてつ》（注1）ヲ招来スルニ到レリ是レ偏《ひとえ》ニ我等ニ匪躬《ひきゅう》ノ誠足ラズ報国ノ力乏シクシテ皇国教学ノ神髄ヲ発揚スルニ未ダシキモノ有リシニ由ルコトヲ反省シ此ノ痛恨ヲ心肝ニ刻ミ臣子（注2）タル責務ノ完遂ヲ今後ニ誓ハザルベカラズ（中略）各位ハ深ク此ノ大詔ノ聖旨ヲ体シ奉リ国体護持ノ一念ニ徹シ教育ニ従事スル者ヲシテ克《よ》ク学徒ヲ薫化啓導シ……以テ深遠ナル聖慮（注3）ニ応へ奉ラシメムコトヲ期スベシ」

（注1）蹉跌《さてつ》はつまずくこと。失敗。
（注2）臣子は臣下と同じ。
（注3）聖慮は天皇の心のこと。

文部省の責任についてはふれず、敗戦の原因を「我等ニ匪躬《ひきゅう》ノ誠」（天皇への忠節）が「足ラズ」や「報国ノ力」が「乏シ」かったことにしています。文相は他のところでも「しかしながら聖断はすでに賜はった。承詔必謹《しょうしょうひっきん》は皇国臣民道の根幹である」と説き、「承詔必謹」と「国体護持」を至上命令としています（「朝日新聞」一九四五年八月一八日付）。

「聖断」とは天皇の判断のことで、「承詔必謹」とは聖徳太子（厩戸《うまやど》皇子）の「十七条の憲法」にも出てきますが、詔《みことのり》（天皇の命令）を承りては必ず謹《つつし》め（守りなさい）という意味。「国体護持」は天皇を中心とする国の体制を維持することをいいます。

このように「国体護持」「承詔必謹」はいたるところでくりかえされます。八月一七日、皇族の東久邇宮《ひがしくにみや》が内閣を組織しました。その文相には前田多門が就任。八月一八日の記者会見でも「ポツダム宣言には教育の事について一句も云々《うんぬん》してゐないしふれてゐない。（中略）教育の大本は勿論教育勅語をはじめ戦争終結の際に賜うた詔書を具体化していく以外にあり得ない」（「朝日新聞」一九四五年八月一九日付）とのべています。

このような文部省の態度に影響され、各地の教育現場では敗戦後もしばらくは旧態依然たることがおこなわれていました。青森県では「あくまで承詔必謹の精神を堅持し、教育者の重大任務を完遂すること、何分の指示があるまでは従来の教科書を使用して授業を行ひ、軍事教練を継続し要するに魂のこもった錬成の強化を続けること」という指示を発しています（『弘前市史』明治大正昭和篇）。長野県のある国民学校では「もうじき歌えなくなるからその前に……」と〝先見の明〟ある先生が、教科書の中の戦争に関係ある歌ばかりわざわざ選んで子どもに教えていたところもあります（『戦後教育史の断面』）。

3. 御真影の返還と奉安殿の撤去

このように、大きな変革に後ろ向きであった文部行政のなかで、御真影や教育勅語はどうなったのでしょうか。

教育勅語にくらべると、御真影の処理の方が早く動き始めます。それは、一九四五年の九月、占領軍が各地に派遣される中で、鹿児島県で、村の集会所の御真影を米兵が屋外にもち出し、ピストルで撃ちぬくというような事件が伝えられたことも（「終戦連絡中央事務局第一六八号」「読売新聞」一九七六年五月三一日付）影響した可能性があります。戦時中は米兵にとって天皇は敵の大将ですから、こうした事件が伝播することはあり得ます。

政府、宮内省では御真影の回収はできるだけ早い機会にするように心がけました。ＧＨＱ（連合国軍最高司令官総司令部）に言われる前に回収したほうが、「国体護持」上得策であり、天皇制を温存するためにも良策という判断があったと思われます。

御真影の回収の仕方は巧妙におこなわれます。それは従来、御真影は天皇が軍装であるのでそれを変えるからという理由です。敗戦後、御真影のことが最初に新聞にでたのは一九四五年一一月八日の「朝日新聞」。その見出しは「新に天皇服を御制定　詰襟型　御佩剣《はいけん》（腰に剣）は用ひさせられず」。ついで、一一月二四日の「朝日新聞」は「新御服の御真影　学校官衙《かんが》（役所）へ改めて下賜」の見出しで御真影の改変を伝えています。

「各級学校を始め、都道府県庁、在外大公使館等において奉戴している天皇陛下の御真影は終戦後の新事態に鑑《かんがみ》み、今回変改されることに決定した。すなわち、現在の御真影は一般に御軍装に桐花大授章御佩《はい》（帯にかけて身につける）用の御肖像であるが、平和日本の建設期に当っては不適当なりとされ、かねて石渡宮相を中心に宮内省当局で慎重考慮のところ、今回新しき天皇御服の制定を機として新しい御真影を謹製することに方針を決定、過ぐる伊勢神宮御親拝直後、宮内省より内閣に対し、各方面にある現在の御真影の返納方を通達した。」

そして、石渡宮相の「畏れ多いことながら、かゝる時代には現在の御真影は不適当と拝察され、天皇御服の制定の時から新しい御写真と御替へすることに方針を決定したわけです」ということばを載せています。

新聞発表はしたものの、政府はこの実施をすぐにはしませんでした。そうこうしているうちに、一二月一五日、「国家神道、神社神道ニ対スル政府ノ保証、支援、保全、監督並ニ弘布ノ廃止ニ関スル件」の「連合国軍最高司令官総司令部（ＧＨＱ）覚書」が発表されます。この覚書によって、文部省が編纂した『国体の本義』（一九三七年）、『臣民の道』（一九四一年）などの書籍を公布することや「大東亜戦争」「八紘一宇」などの用語の使用が禁じられました。そして、次のような「主義」の宣伝、公布も禁止されます。

⑴日本の天皇はその家系血統或は特殊なる起源の故に他国の元首に優るとする主義
⑵日本の国民はその家系血統或は特殊なる起源の故に他国民に優るとする主義
⑶日本の諸島は神に起源を発するが故に或は特殊なる起源を有するが故に他国に優るとする主義
⑷その他日本国民を欺き侵略戦争へ駆り出さしめ或は他国民の論争の解決の手段として武力の行使を謳歌せしめるに至らしめるが如き主義

覚書にいう⑴～⑷こそが文部省が『国体の本義』や『臣民の道』で説いてきたところでした。文部省は御真影の回収を急がなければなりません。政府は一二月二〇日、各地方長官宛に文部次官通牒を出します。その要旨はつぎの点です。

「一、御真影はなるべく年内に地方庁に奉還すること。
一、返還完了したらその枚数を文部大臣官房秘書課長宛に電信で報告すること。
一、返還が未完了の学校でも来年の一月一日の式場には御真影を掲げないように。
一、元日の式場に御真影を掲げなくても、敬虔真摯《けいけんしんし》の念を以って、大君の下ますます国家再建の決意を強固にして困難な時局を克服するよう、適切な処置をすること。」

この通牒にしたがって、千葉県袖《そで》ケ浦のある国民学校では一二月二八日に来賓を集めて「奉還式」をしました。

「御真影奉掲、一同最敬礼　君が代合唱」に続いて校長は次のような訓話をします。
「本日茲《ここ》に突然多数のお客様をお迎へして、先生方及皆様のお集りを願いましたのは　此度《このたび》お上《かみ》よりの通牒に依り、学校に拝戴して居ります御真影を全部一応お返しすることになった為でありま す……その御写真を今お返し致しますことは何となく魂を奪われる様な気持が致します　然《しか》し之《これ》は今回新に天皇の御制服が定められ、新しく撮りなほされた御写真と取りかへる為であると洩れ承りますので不日《ふじつ》（ほどなく）再下賜せられるものと考へて居ります。今や我が国は終戦の大詔を奉じ、ポツダム宣言を忠実に履行すべき責任に迫られて居ります」（『千葉県教育百年史』第五巻。原文のカタカナをひらがなに改め、ルビ、句読点を入れました）。

この後、「一同最敬礼、各学年毎に奉拝」が続き、翌日、御真影は「午前九時頃校門出発、中下部落児童校門堵列《とれつ》（垣根のように並ぶ）見送、他は沿道にて最敬礼」（同前）。

御真影の返還に際し、御真影の汚れや損傷のはげしいものについては、始末書を出させたところもあります。このうち、宮城県伊具《いぐ》郡小田国民学校長より文部大臣前田多門宛のものを紹介してみましょう。

「文部大臣前田多門殿

御真影汚損始末書

皇太后陛下ノ御真影ハ大正十年以来左側侵蝕甚ダシク恐懼《きょうく》（恐縮）ニ堪エズ左ノ通リ顛末《てんまつ》及報告候也

大正十年八月時ノ校長佐藤勘平御真影侵蝕ヲ発見シ大正十一年四月十一日次ノ校長嶺崎憲通ニ之

ガ侵蝕状況書ヲ引継グ　当時ハ旧校舎ノ講堂南端ニ奉安所在リタルモ奉安函ノ設備ナク単ニ奉安台上ニ安置シタルモノナリ

大正十一年八月三十一日校長池田久馬引継ヲ受ケ侵蝕状況始末書ヲ提出シ厳重奉護ノ任ニ当リ其ノ後御異常ナシ」（以下略）

これから、回収して焼却するというのに「汚損」も「侵蝕」もあったものではないと思えますが、政府は天皇の権威の失墜が国民の間に広まることに神経質になっていました。

地方事務所に集められた御真影は、極秘のうちに焼却処理されたのです。焼却した場所は、だれも見ていない事務所の中庭、神社の社前、校庭などさまざまです。夜中の一時に燃やしたところもあります。焼却に立ち合った人は「神秘的なほどにきんちょうした静寂の中に、火は点じられた。炎は赤々と天にまいあがり、あたりの森を照らした。この息づまる瞬間、日本もこれでおしまいかの感を深くした。まさに日本の葬送行進曲をかなでる思いであった。炎は消えた。うず高い灰の山である。これから日本はどうなるのだ。前途は暗い感じだった。」のような手記を残しています（『明治百年福島県教育回顧録』）。

かつて焼却したり、紛失した場合は重い責任を負わされた御真影を、今や権力は自らの手で焼却したのです。〝炎上〟の感慨に埋没してしまって、教育や敗戦にいたるまでに御真影の果たした役割についての自覚はまだもちえてはいませんでした。

御真影の回収、焼却と並行して奉安殿の撤去もおこなわれました。奉安殿の存在は一二月一五日GHQ覚書「国家神道、神社神道ニ対スル政府ノ保証、支援、保全、監督並ニ弘布ノ廃止ニ関スル件」に抵触するものと考えられました。御真影の場合は、焼却現場さえ見せなければ、子どもたちにその存在がなくなったのはわからないですみましたが、奉安殿の場合はこうはいきません。その建設資金は村民の寄付金によるところもあり、登下校はもちろん前を通るときには拝礼を義務づけていたものです。奉安殿の撤去は、従来の教育理念の否定を子どもたちにはっきりとみせることになります。御真影の回収以上に慎重な配慮がなされました。長崎県で出された指示では「(奉安殿の)破壊工作ハ夜間若《も》クハ休日等ヲ利用シ且《かつ》ナルベク遮蔽《しゃへい》装置ヲ施シタル上隠秘ノ間ニ而《しか》モ受令後凡《およ》ソ一週間以内ニ完了シ得ル計画ヲ樹テ置クコト」(『長崎県教育史』)とされ、この指示にもとづき、各校では次々と取り壊していきました。「昭和二一年二月二六日奉安殿破壊のため休業す」(三月一日完了、北松田平南校日誌)、「昭和二一年四月九日　奉安殿取りこわしのため、児童を九時より帰宅させる」(北高湯江校日誌、二校とも『長崎県教育史』)などの記録が残されています。

奉安殿はコンクリート製であることも多く、堅牢です。重機がなかった時代では取り壊すのも容易ではありません。この撤去作業中にも殉職した教師も出ました。和歌山県那賀郡川原国民学校の堂本明次郎教頭です。(その様子は125頁参照)

コラム

御真影の返還、奉安殿の撤去作業中にも犠牲者

◆一九四六年三月一七日　京都府北桑田郡美山町（現・南丹市）知井《ちい》国民学校　校長山内三郎

一九四五年一二月二九日「御真影を奉還し奉る。学校長（山内三郎氏）このためおそくなり、日が暮れ天候悪く、猛吹雪となり土地の事情になれないため北村で遭難し、民家にて助けられようやく学校に帰りつく。」

山内三郎

一九四六年三月一七日「山内校長遭難後病気が発生し、療養生活を続けられたが遂にたつことが出来ず、不幸にも病死される」（『知井小学校百年誌』一九七三年）。

◆一九四六年八月六日　和歌山県那珂郡川原国民学校教頭　堂本明次郎（三七歳）

「教育塔合祀者名簿」には「職員と共に奉安殿撤去作業中屋根落下し頭部粉砕即死」と記されています。

筆者（岩本）は一九八一年七月二〇日、この事故の模様を知りたくて和歌山県の堂本明次郎教頭の地元を訪ね、カツエ夫人と当時の同僚服部優さんを取材しました。

二人の話を要約すると、次のようです。

「川原国民学校では夏休みに入ってから、奉安殿の撤去作業をはじめた。村の費用もなさそうだから、教員たちは自分らの手で撤去すると申し出ると、村長も『そうしてくれると村もありがたい』という。堂本教頭は毎朝五時ごろおきて学校へ行った。涼しいうちのほうが作業がはかどるということもあった。男子教員七、八人が二組に分かれ、交代で作業をした。開始から一週間くらいたっていたので、八月六日には、四隅の柱のうち三本と上のハチ巻きだけが残っていた。その日は校長が留守で、教頭が指揮、監督に当たっていた。朝一〇時半ごろ、服部さんたち休憩組が『大分できたな』と作業をのぞきに行った。

作業組は柱三本とハチ巻き状になっている上の部分を崩壊させる作業をしていた。堂本教頭は外から枠の中へ首を入れ、ハチ巻きが落ちてくるかなと見上げていた。だれかが柱をバーンとたたいた。あっという間にハチ巻きが崩れ落ちた。中にいた山田進訓導はとっさに外に飛び出て助かったが、堂本教頭は、胴体は外にあったが横向きに首を押さえられてしまった。即死状態であった。カツエ夫人には、前年一一月に生まれた次女、長男（九歳）、長女（四歳）がのこされた。」

堂本明次郎

4. 教育勅語の廃止

御真影の回収や奉安殿の撤去にくらべると、教育勅語の廃止は時間がかかりました。政府・文部省が廃止に抵抗したことと、GHQの姿勢もはっきりしなかったからです。一九四五年八月一八日、東久邇宮《ひがしくにのみや》内閣の文相・前田多門が記者会見で「ポツダム宣言には教育の事について一句も云々《うんぬん》してゐないしふれてゐない。（中略）教育の大本は勿論教育勅語をはじめ戦争終結の際に賜うた詔書を具体化していく以外にあり得ない」とのべていたことは、前に紹介しました。

GHQは一九四五年中に教育の民主化に関する四つの指令を出します（注1）。しかし、その指令でも「軍国主義的及ビ極端ナル国家主義的イデオロギーノ普及ヲ禁止」とはいうのですが、教育勅語については述べていません。アメリカ政府もGHQも天皇・天皇制を占領と日本統治に利用しようと考えていたため、それと関連する教育勅語の扱いについてはっきりした態度をとれなかったからでしょう。

それをよいことに、日本政府の教育勅語擁護論は一九四六年になっても続きます。二月二一日、文部省で開かれた全国教学課長会議で田中耕太郎学校教育局長は「教育勅語は吾国の醇風美俗《じゅんぷうびぞく》（注2）と世界人類の道徳的な核心に合致する」と述べています。その年三月には米国教育使節団が来日して、日本の教育の民主化について勧告することになるのですが、その使節団に協力する日本側の日本側教育家委員会がつくられました。その委員会が三月に文部省に提出した意見書でも「従来の教育勅語は天地の公道を示されしものとして決して謬《あやま》りにはあらざる」と肯定しています。そしてこの意見書では、教育勅語は「時勢の推移につれ」今後の指針として不適なものもあるので、「新方向を明示したもう如き詔書をたまわり度《た》き」と新勅語を要請しています。三月末に出された米国教育使節団の報告書でも教育勅語の内容上の批判はなく、儀式での奉読や御真影への参拝は廃止すべきだとしただけでした。

しかし、世論は動いていました。田中耕太郎学校教育局長の発言に対して、評論家の本田喜代治は「教育勅語にのっとって自発的かつ自由に考へた教職員が一人でもあったかどうか。文部省は、このさい、大掃除されなければならない」と言い（「朝日新聞」四六年三月四日付の投書）、長野県の前国民学校長・三沢隆茂は「（教育勅語は）教師生徒の自主性をうばひ、教育勅語順応で万事足れりとする盲目服従の習性をまねいた。民主主義時代においてもなほ尽忠義烈《じんちゅうぎれつ》をもって皇運を扶翼することが七千万国民の第一義であらうか」と批判しました（同前投書）。

また、新勅語渙発《かんぱつ》論について「朝日新聞」は四六年三月二〇日の社説で批判し、「政治的機構を、外から与へられることは、忍ぶことを余儀なくせられるとしても、国民精神の内容までも配給されることは、忍ぶことはできないのである。与へられた道徳基準とか、文教指導原理とかいふものは、一つの呪文の役には立つかも知れないが、断じて民族の発展に貢献する、はたらきをなすものではない」と論じました。

こうした世論の動向と、日本側教育家委員会の後を受けて四六年八月に設置された教育刷新委員会（内閣総理大臣直轄の機関）の議論の中で、教育勅語を否定する意見が強まり、新勅語を要請しないことが決まりました。四六年一〇月八日、文部省も次官通達を出して、①教育勅語を以って教育の淵源という考え方をやめる、②式日などでの奉読はしない、③謄本は学校で引き続き保管すべきだが、神格化しないとしましたが、勅語謄本などの回収はしませんでした。

新憲法下での国会でも教育勅語の廃止には根強い抵抗がありました。四八年五月二七日の参議院文教委員会での議論のなかから、その一部を紹介してみましょう。

「教育勅語は自然に死物になっておるわけなのでありまして、これを今更に取上げて生きものとして効力を否認するというような方式を採ることは、不適当だと考えます」（岩本月洲議員）

「教育勅語というものは過去において有害であった。有害な教育勅語を今後繰返してはならない。こういう言葉は、これは誤解を伴う。……過去に有害であったというような断定の下に除去することは甚だ行過ぎである。」（梅原真隆議員）

「おしめの御厄介《やっかい》になっておって、大きくなってから要らないものになったからといってそれを悪く言うことは、やはり成人した心持の現れでないのであります」（柏木庫治議員）

これに対して、歴史家の羽仁五郎議員は次のように反論します。

「国民に先ず第一に教育勅語というのは如何に有害であったかということをはっきり示すことが必要なんでありまして、何かの事情で今まであったけれども、最近はなくなったと受身的な気持で国民が考えてはならない。或いは命令によってこれが廃止になったというように考えることは、私はならないと思うのです。……教育勅語に述べられておる内容には、内容的には反対する必要がないものもあるというようなお考えもありましたが、そういう点に問題があるのでなくて、たとえ完全なる真理を述べておろうとも、それが君主の命令によって強制されたという所に大きな間違いがあるのである。だから内容に一点の瑕疵《かし》（傷、欠点）がなくても、完全な真理であっても、専制君主の命令で国民に強制したというところに間違いがある。専制君主の命令によって命ぜられて、国民が率いてこれに従わざるを得ないで今日の不幸を招いたというところに、重大な原因があったということを明らかにして、国民は自発的にこれを痛切な批判を以てこれを廃止する。そうして将来再びこういう間違いを繰返さないということが要請されておるのではないかと考えます」（第二回国会　参議院文教委員会会議録　第七号）。

羽仁五郎の発言が最も説得力があり、他の委員の発言を圧倒しました。

この国会では五〜六月にかけて衆議院文教委員会で約一〇回、参議院文教委員会でも四回の会議で教育勅語と謄本の扱いについての議論がされます。そして、六月一九日、衆議院で「教育勅語等排除に関する決議」、参議院で「教育勅語等の失効確認に関する決議」（別記）がなされました。この決議にもとづき、六月二五日、文部省は学校にある勅語謄本等の返還を求める通達を出し、回収しました。教育勅語五八年の歴史の幕が下りたのです。

（注1）四つの指令は①「日本教育制度ニ対スル管理政策」（一〇月二二日）、②「教員及ビ教育関係官ノ調査、除外、認可ニ関スル件」（一〇月三〇日）、③「国家神道、神社神道ニ対スル政府ノ保証、支援、保全、監督並ニ弘布ノ廃止ニ関スル件」（一二月一五日）、④「修身、日本歴史及ビ地理廃止ニ関スル件」（一二月三一日）。

（注2）醇風美俗《じゅんぷうびぞく》＝人情の厚い、うつくしい風俗の意味。

●資料　**衆議院「教育勅語等排除に関する決議」**（一九四八年六月一九日　衆議院本会議）

民主平和国家として世界史的建設途上にあるわが国の現実は、その精神内容において未だ決定的な民主化を確認するを得ないのは遺憾である。これが徹底に最も緊要なことは教育基本法に則り、教育の革新と振興とをはかることにある。しかるに既に過去の文書となっている教育勅語並びに陸海軍軍人に賜りたる勅諭その他の教育に関する諸詔勅が、今日もなお国民道徳の指導原理としての性格を持続しているかの如く誤解されるのは、従来の行政上の措置が不十分であったがためである。

思うに、これらの詔勅の根本理念が主権在君並びに神話的国体観に基いている事実は、明かに基本的人権を損い、且つ国際信義に対して疑点を残すもととなる。よって憲法第九十八条の本旨に従い、ここに衆議院は院議を以て、これらの詔勅を排除し、その指導原理的性格を認めないことを宣言する。政府は直ちにこれらの詔勅の謄本を回収し、排除の措置を完了すべきである。

右決議する。

●資料　**参議院「教育勅語等の失効確認に関する決議」**（一九四八年六月一九日　参議院本会議）

われらは、さきに日本国憲法の人類普遍の原理に則り、教育基本法を制定して、わが国家及びわが民族を中心とする教育の誤りを徹底的に払拭し、真理と平和とを希求する人間を育成する民主主義的教育理念をおごそかに宣明した。その結果として、教育勅語は、軍人に賜はりたる勅諭、戊申詔書、青少年学徒に賜はりたる勅語その他の諸詔勅とともに、既に廃止せられその効力を失っている。

しかし教育勅語等が、あるいは従来の如き効力を今日なお保有するかの疑いを懐く者あるをおもんばかり、われらはとくに、それらが既に効力を失っている事実を明確にするとともに、政府をして教育勅語その他の諸詔勅の謄本をもれなく回収せしめる。

われらはここに、教育の真の権威の確立と国民道徳の振興のために、全国民が一致して教育基本法の明示する新教育理念の普及徹底に努力をいたすべきことを期する。

右決議する。

5. 沖縄県と御真影・教育勅語

御真影や教育勅語を中心とする教育を勅語体制ともいいますが、その中で見落としてはならないのは沖縄の勅語体制のことです。わが国の最南端に位置し、明治初年まで薩摩藩の支配を受けつつも、清国（中国）とも朝貢《ちょうこう》関係（貢物を送る関係）をつづけるという二つの国の支配を受けていたのが琉球でした。その琉球王府を武力で制圧し、日本の領土・沖縄県としたのが琉球処分。それだけに沖縄県民に対する皇民化（天皇の支配に服する）政策は強力に実施されました。そこに御真影や教育勅語が利用されたのです。

沖縄県の小学校への御真影下付は一八八九年ごろから、教育勅語は本土と同じ一八九〇年中だったと思われます（石垣島の登野城小学校では一八九〇年一二月一五日勅語奉読式がおこなわれています〈『登野城小学校　百年の歩み』〉）。その沖縄県で一九一〇（明治四三）年一一月七日、御真影・教育勅語謄本焼失の悲劇が襲います。島尻《しまじり》郡佐敷尋常高等小学校の出来ごとです。この日は北白川妃が同校を訪れた日に当たり、毎年、御臨校記念日の式典を催すのが恒例となっていました。式典の後は青年夜学会員を集めて、また同村の婦人会でも記念行事がおこなわれました。いずれも五時ごろには散会。

一一時半ごろ、宿直の東恩納《ひがしおんな》盛愁訓導は小使いたちが騒いでいるので目を覚ますと、小使室は一面火の海。御真影室は小使室に接し、その間二間半（約四、五メートル）しかありありません。東恩納訓導は御真影室にかけつけますが、あいにく御真影室は二重戸締となっていて、鍵は校長の手許で保管されています。当時全校が石工工事中で斧が小使室の側にあるのに気付き、東恩納訓導はその斧を持ってきて戸をたたき壊し、二重戸締を打ち破って、室内にもぐりこみました。しかし、普段御真影は校長の手で奉安されていて、普通の教員は拝観しているだけでしたから、御真影がどこ

沖縄市美里小学校の奉安殿

にあるのかわかりません。東恩納訓導は狼狽《ろうばい》して付近を手探りでさがします。なにやら箱のようなものが手にふれましたから、これだろうと思って、持って出ようとしますが、黒煙室内に充満していたため思わず卒倒しました。火焔に焼かれて蘇生《そせい》し、ようやく逃げ出しましたが、その時に持ち出すべき箱と、斧でたたき壊した板切れとを取り違えてしまいました。

一方、本山万吉校長は（校長宅は学校と棟続きにあった）、「火事と聞いて起きて見れば、御真影室は疾《はや》くに焼け尽せるより、宅には病床の妻もあり子供もあれど、之等を顧る場合にあらずと、早速学校に飛び込みて、書類を持ち出したるが、当夜は風が強かりし為一時間半で全棟灰燼《かいじん》に帰し終れりと。而《しこう》して本山校長の夫人と子供は、村民に扶《たす》けられて事なきを得たるも、衣類道具は持ち出す暇なく、全くの着のみ着の儘《まま》で助かりたる次第なりと」（「琉球新報」明治四三年一一月九日付）。

この事件を「沖縄毎日新聞」（一一月九日付）は「全校舎烏有《うゆう》に帰したる（丸焼け）のみか奉安の御真影も奉持し得ざるとは未聞の失態にて言語道断沙汰の限りといふべし」と報じました。また、同月一八日の「沖縄新聞」には、（本土での）御真影焼失に際して焼死した小使と切腹した校長の事を述べ、「死すべき時に死せざれば死に勝る辱《はずかしめ》あり」と書いた記事があるといいます（比嘉春潮日記一一月二二日の条、『比嘉春潮全集』第五巻）。

この記事にある「焼死した小使」とは本書でも紹介した大友元吉のこと（一九〇七年一月二四日殉職）ですが、「切腹した校長」は一八九八（明治三一）年三月三〇日に自殺した長野県小県《ちいさがた》郡上田尋常高等小学校の校長久米由太郎《よしたろう》のことをさすものと思われます。久米由太郎の死は御真影と関係なく、校舎焼失に関する政争に抗議しての自殺です。この時期に沖縄に「御真影焼失の責任をと

って の死」と沖縄の事件を指弾する材料が伝播していることに驚かされます。

この皇民化教育は、第二次大戦下の沖縄戦においてその極点に達しました。

「歴史の上で常に異民族ででもあるかのように扱われ、『忠君愛国の志乏しき』ことを、ことごとにあげつらわれ、一種の劣等感、民族意識における特殊のコンプレックスをすら抱かされていた沖縄青少年にとって『醜《しこ》の御楯《みたて》』（注1）たることに疑問を持つのは道徳に反することでした。沖縄戦は『吾々もまた帝国の忠良なる臣民である』ことを身をもってあかしする格好の機会とすら考えられた」のです。（新里恵二他「現代沖縄の歴史」『歴史評論』一九五七年一月号）

この考えは御真影の奉護のしかたによくあらわれています。沖縄戦下、御真影はどのように守られ、処理されたかを『琉球史料第三集　教育編』と新里清篤著『沖縄ばんざい』（非売品）の記述をミックスして紹介しましょう。新里清篤さんは後で述べる御真影奉護員の一人（副隊長）瀬底国民学校長であった人です。

沖縄県で御真影奉護の対策を講じなければならないと思わしめたのは一九四四年一〇月一〇日の大空襲でした（注2）。それでも当時はそれぞれ思い思いの方法で奉護していましたが、時局の緊迫化にともない奉護所設置の声がたかまりました。県首脳者のあいだには、本土奉遷の考えも浮かんだように伝えられましたが、そのことの軍民に及ぼす重大微妙な影響や、実施が困難なことから沖縄本島北部の山間部に奉護することに決定しました。

一九四五年一月、沖縄本島中南部を主とする御真影（注3）が国頭羽地村源河山のオーシッタイ部落、沖縄県有林事務所にうつされました。関係学校が交替で奉護に当たっていましたが、同事務所には安全な奉安所の設備があるわけではなく、奉護に当たる人々の精神的な負担苦労は非常なものでした。このため、常任の奉護隊を設置することになりました。再三の交渉の結果、元那覇国民学校長渡嘉敷真睦が隊長となりました。ついで、県は渡嘉敷隊長と相談して八名を奉護員として任命しました。その八名は稲嶺国民学校教頭、瀬底国民学校長、県立第一中学校教諭、県立第二中学校教諭、県立第三中学校教諭、南風原国民学校訓導、越来国民学校訓導、北谷国民学校訓導（氏名略）。

奉護の万全が期し難くなったため、女子師範学校の大奉安庫を稲嶺国民学校に移し、そこで奉護したこともありましたが、三月八、九日、再び県有林事務所に遷しました。事態が緊迫してきたので、沖縄県立第三中学校鉄血勤皇隊（注４）の少年隊数名も奉護所付近に配備されました。

四月に入り、奉護所のある部落にも避難民が怒濤の勢いで流れこんできます。奉護がきわめて隠密慎重を要する関係や、長期間の食糧確保のつごうから少年隊を逐次解任しなければならなくなりました。

奉護隊は御真影を壕内に移しました。かねてより渡嘉敷隊長に対しては「米軍が一人でも沖縄本島に上陸した確報に接したら隊長の判断に基いて行動し、御真影を適当に処置するように」と非常措置の指示が与えられていましたが、四月五日ごろ、いよいよ米軍上陸の報を得たので隊長ほか一同慎重に情勢を分析しました。

当時奉護中の御真影は今上天皇・皇后の他、明治天皇、昭憲皇太后、大正天皇、皇太后のものが相当あり、これを合わせて桐の木の奉安函一八函に入れました。一函の重量が二〇キロほど、これを重ねるとおよそ三メートルにもなりました。二函一組にし、隊長以下九名の奉護員がおのおの一組ずつ背負えるように準備しました。そのためにも軽量にする必要があり、四月八日より写真の厚い台紙をうすくする作業に着手しました。しかし米軍接近の報に接し、天皇・皇后の御真影のみ台紙から取りはずして奉護嚢《のう》（袋）一個におさめ、他はことごとく焼却することになりました。

焼却作業は夜間極秘裏に壕内でおこないました。奥深いところだったから空気の流通が悪く、この作業は困難をきわめ、約八時間におよび、明け方になってようやく完了しました。焼却完了のときは全奉護員はほとんど窒息状態でした。

避難民はいよいよ多く、奉安壕にも入りこんできたので、四月一〇日、おりからの大豪雨をおかして奉護所をさらに山奥の東村有銘国民学校の勅語奉安小屋に移し、緊急重要会議をおこないました。すみやかに最後の処置を講ずべきであるという意見に対し、一方、「現地軍は一週間を出ずして全米軍を撃退すると豪語発表して、まだ最後の処理をとる段階ではなく、戦勝の日までまもり抜くべし」の主張が対立しました。結局は後者の主張がとおり、最後の処理を見合わせました。

長期の奉護にそなえ、源河山の最も奥深いところに三度目の移動を余儀なくされました。隊長以下五名が奉護所に常勤し、他の六名等を奉護所周辺一キロ内外の線に配置し、一名は食糧調達等のために村におもむかせる体制をとっていました。

かくして六月末まで安全に奉護していましたが、この間隊員の中にはハブに咬《か》まれて行動不能になったり、米軍の射撃で右腕貫通銃創をこうむる等のこともありました。その間の食糧難も言語に絶するものでした。

六月二九日、ようやく南部戦局の確報を得たので、三〇日の早朝を期していよいよ御真影焼却の儀をおこなうことにしました。その朝、全奉護隊員他、協力者が加わり、皇居遥拝、「君が代」斉唱をおこない、終わって隊長の手によって御真影の一枚に火が点じられました。これが、沖縄県本島の御真影の終焉《しゅうえん》でした。

一方、八重山群島では、四五年三月半ばに県庁から至急県庁に御真影を奉還するようにとの電報が届きましたが、当時すでに県庁への移送は困難であったので、県へ直送できた与那国国民学校の分を除く、他の学校分約二〇枚を石垣国民学校の奉安殿に納めました。すでに県庁は壊滅、八重山支庁長は爆死していて、責任を任された真玉橋氏は焼却処分するしか方法はないと判断。四五年一一月一五日、宮鳥御岳の境内におよそ一メートル、深さ四〇センチの穴を掘り、海から運んで来た新しい白砂を敷きつめて清め、石垣国民学校奉安殿から移した御真影に、未明を期して火をつけたのです（牧野清著『新八重山歴史』）。

御真影にくらべると、沖縄戦中の教育勅語謄本の扱いについての史料は少なく、宮古島と八重山地方の記録しか探索できていません。そこで、現在沖縄に残されている教育勅語謄本の由来を調べて、戦時下の勅語謄本の処理について考えてみたいと思います。

今、沖縄で教育勅語謄本を見ることができるのは、岸本幸博さんという個人所蔵のもの、県立平和祈念資料館とひめゆり平和祈念資料館に展示されているものの三本です。まず、岸本幸博さん所蔵のもの。那覇市歴史資料室からの紹介を得て、岸本さんにお会いしたのは一九九九年二月六日。浦添市で岸本さんが経営する会社で拝見しました。ロッカーから出していただいた謄本を見てびっくり。巻軸は飛び出し、表装した布の端はボロボロ。保存状態は決してよいとはいえません（第Ⅰ

部扉に写真)。しかし、話をうかがっていくうちに、なぜボロボロなのかがわかり、かえって歴史の証人として貴重な状態ではないかとも思えてきました。

岸本さんは一九三一年生まれ。「ご真影と父」という一文を母校の『沖縄県立第二中学校第34期入学50周年記念誌』に寄せているので、以下は岸本さんからの聞き書きとその一文からの紹介です。「　」の中が「ご真影と父」からの引用。

この謄本は岸本さんの父親・岸本幸全《こうぜん》さん(一九〇七年生まれ、故人)が持っていたもの。岸本幸全さんは一九四四年には那覇市の久茂地《くもじ》国民学校の校長代理をしていました。

一九四四年一〇月一〇日の空襲の日、「家族は早めの朝食をとっていた。この日私は鹿児島に疎開することになっていたのだ。今から考えると永遠の別れになるかもしれない食事であった。すると突然の飛行機の音に続いて物凄い爆発音がする。訓練が始まったのかと余り気にしてなかった家族もまもなく周囲が騒々しくなってきたので空を見ると、全く夢想だにしなかった空襲であった。驚いて家の横の形ばかりの防空壕へ逃げ込み全員で空襲が終わるのを待った。しかしこの防空壕は危ないので更に前島にあった墓の中へ逃げ込んだ。那覇市内が焼けていくのをがたがた震えながら見ていた。翌日羽地《はねじ》に両親や妹といっしょに汽車や馬を乗り継いで避難したが、見ると父はご真影と教育勅語を背負っているではないか。」

羽地は今の名護市の北部。そこの稲嶺国民学校に一家は避難しました。一〇・一〇空襲で父の学校も焼けてしまいましたが、御真影と勅語謄本は絶対守らなければならなかったから、父親はそれだけは取りだしてきたのでしょう。空襲によって中断していた疎開も、数日後には再開されたので、岸本さんは両親、妹と別れ、名護から鹿児島へ出航しました。岸本一家も公務があるのでまた那覇に戻りました。

「多くの家庭からは男は老若を問わずどんどん現地召集されるなかで父に召集がないのが不思議でならなかった。しかし、戦雲急を告げ現地召集が強化されたとたん父にも遂に令状が来た。司令部にすぐ出頭せよとの命令である。その時ご真影を背負って行ったかははっきりしないが担当将校との面接の時〈私は校長代理を務めご真影を奉護しなければならないがどうしたらよいのか〉とはなしたところ困惑した将校は司令官と相談しなければならないから暫《しばら》く待つようにと云った。（中略）どのような判断がくだされるかと、恐らく緊張し覚悟し続けたであろう父に、即日除隊の命令書が届く。それにはご真影を確実に守るようにとの言葉も添えられたのである。助かったのだ。そのとき同僚の先生達も多く召集されたがほとんど戦死している。」

四月に入ると本島南部に対する米軍の攻撃は間断なく加えられるようになり、沖縄は全く戦場と化していきました。岸本一家も東海岸を通って北部に避難を開始しました。

「父母そして二年生の妹は一路北部へと荷車を引いて避難した。宜野座《ぎのざ》まで来て、私たち家族は疲れきっていたので休んでいた。ついうとうととした時、どこともなく現れた三人の米兵に起された。」

こうして、一家は宜野座の収容所に入れられることになりました。このとき御真影は持っておらず、勅語謄本のみは大事に所持していました。米軍はこの謄本の意味がわからなかったのか、何もいわれませんでした。その後、岸本幸全さんは松田小学校（国頭郡宜野座村）の初代校長などを歴任しましたが、教育勅語謄本については何の連絡も指示もなく、そのまま所持していました。校長の給料だけでは食べていけないので岸本幸全さんは退職。四〇代で印刷屋をはじめ、ガリ版で刷った『こくごの手引き』などを作り、妻がそれをバスに乗って売り歩きました。八〇歳で父親が亡くなったので、勅語謄本は幸博さんがそのまま所蔵していたものです。

岸本幸博さんの話のうち、疎開に出発以降の話は、戦後家族から聞いたことだそうです。したがって、御真影を手放した時期と場所などは不明な点があります。

ひめゆり平和祈念資料館の謄本の所蔵者は不明ですが、沖縄県立平和祈念資料館にある教育勅語謄本の所蔵者は山田親夫《ちかお》さんでした。岸本さんに会った翌日、二月七日、国際通りにあった球陽堂書房で親夫さんの弟・山田親次《しんじ》さん（同書房常務取締役・当時）から話をうかがうことができました。その話と恵贈を受けた山田親度《しんたく》著『雲の海―山田親度遺歌集』にある年譜を参考にすると、いきさつは次のようです。

勅語謄本の元の所蔵者は父親の山田親度さん。親度さんは一九四二年四月から国頭《くにがみ》郡大宜味《おおぎみ》村喜如《じょ》嘉《か》国民学校の校長。一家は喜如嘉の校長住宅に住んでいました。空襲が激しくなると校長は防衛隊に召集されましたが、帰宅を許されました。御真影と勅語謄本を護る任務があるからです。しばらく自宅で守護していましたが、御真影の方は他校のものと一緒に焼却処分となり、勅語謄本のみあずかっていました。山田親度さんは戦後、一九四七年四月から国頭郡奥間初等学校校長をやりましたが、勅語謄本についての指示は全くありませんでした。それでそのまま保管していましたが、赴任当時の校長の給与がたばこ一〇個程度の額であったため、生活が極度に苦しかったことと、これまでの教育に疑問をもち、教育者として留まることを潔しとしなかったことから、四八年七月に退職。同年一〇月から那覇市内にトタン屋根五坪の小屋を建て「山田書店」を開業しました。これがその後の球陽堂書房の前身です。

岸本さん所蔵の謄本にくらべれば、山田さん所蔵の謄本（沖縄県立平和祈念資料館展示のもの）ははるかに保存状態がよい。これは戦火の中を那覇―名護（稲嶺）―那覇―宜野座などと持ち歩かなければならなかったものと、比較的移動が少なくてすんだものとの差でしょう。岸本さん、山田さんの話に共通するのは父親が校長（校長代理）であったこと、御真影については焼却等の連絡があったらしいが勅語謄本については何の指示もなかったことです。実際、本島での御真影の奉護や焼却処分についての公文書や記録はすでに紹介した『琉球史料第三集　教育編』などで見ることができますが、勅語謄本の処理についての史料・記録は管見《かんけん》のかぎり見たことがありません。記録で残っているのは現在のところ宮古島と八重山地方で出されたもののみではないでしょうか。すなわち、宮古島の平良市・狩俣小学校の『百年史』では、四五年八月二二日、戦争終結に関する詔書奉読式がおこなわれ、「三〇日各学校から野原岳の司令部近くに『奉遷』された御真影、勅語は奉焼された。」八重山地方では「昭和二〇年八月三一日付、学第一〇号八重山支庁通牒『御真影、詔書奉焼ニ関スル件』を受け、各学校長責任において九月中に相前後して焼却した。」（注5）

「鉄の暴風」といわれた沖縄戦。戦火の中、食べるものもない日々、壕から出て辛うじて助かった人々がほとんどであった沖縄。その塗炭の苦しみを導いた大きな原因が教育勅語体制でした。その象徴であったものが御真影や教育勅語謄本。その処理がいつの間にか、知らぬ間になくなったでよいのでしょうか。沖縄に残っている三本の謄本に接してそんな思いが去来しました。

（注1）醜《しこ》の御楯《みたて》＝天皇の楯となって敵を防ぐという意味。
（注2）米第五八機動部隊による空襲は午前六時四〇分から午後四時過ぎまで、奄美から石垣まで幅広い地域であり、沖縄本島は五次にわたり集中的に爆撃を受けました。飛行機の延べ数は約九〇〇機、軍人、民間、軍夫など死傷者は一五〇〇人を超え、家屋全焼は一万一四五一戸に及びました。（「沖縄タイムス」一九九二年一〇月一〇日付）
（注3）『沖縄ばんざい』には「全県の御真影」とあり『琉球史料第三集』と異同があります。
（注4）鉄血勤皇隊＝沖縄戦で中学生以上の男子生徒が組織された部隊。最前線で命令を伝えたり、食料・弾薬の運搬の仕事や、特攻要員として米軍に軍刀で切り込む仕事もやりました。
（注5）『戦後八重山教育の歩み』（石垣市・竹富町・与那国町教育委員会発行）による。

6．教育基本法にもとづく民主教育への転換

話が前後しますが、国会で教育勅語の廃止の決議をしたのは、戦後の新しい憲法や教育の方針（教育基本法）が出ても、まだ教育勅語に執着する世論があったからです。そこで、教育基本法はどのような経緯でできたかを簡単にみておきましょう。

敗戦後もしばらくは戦時中の教育があいかわらずおこなわれていたことは前に書きましたが、ポ

ツダム宣言を受け入れて降伏した日本が、このままで許されるはずはありません。九月二日、日本の降伏文書の調印式の終了に当たり、バーンズ米国務長官は次のような声明を発表しています。「日本国民の『精神的武装解除』はある点で物的武装解除より一層困難である。（中略）われわれは日本の学校における極端な国家主義および全体主義的教育を一掃すると共に戦争指導者の軍事哲学を受け入れるに至った極端な日本国民の国家主義および全体主義的教育を完全に掃討するだらう」（「朝日新聞」九月四日付、ワシントン二日発）。こうした動向を知った文部省もいつまでも「国体護持」「承詔必謹《しょうしょうひっきん》」だけでは対応しきれないと判断したにちがいありません。九月二〇日には、文部省は教科書の中で、国防軍備等を強調したり、戦意高揚をはかった教材を「省略削除、または取り扱い注意すべき」とした通知を出します。「墨ぬり教科書」の出現です。

　子どもに墨ぬりをさせた多くの教師は「ほとんど授業がすんだ項目であるが、それだけに、なお身につまされてくる。『先生、どうしていけねんですか』の質問には困惑させられた。……すでに教えてしまった項目だけに、いままでの『正しい』という文字でも消させるようでやりきれない」

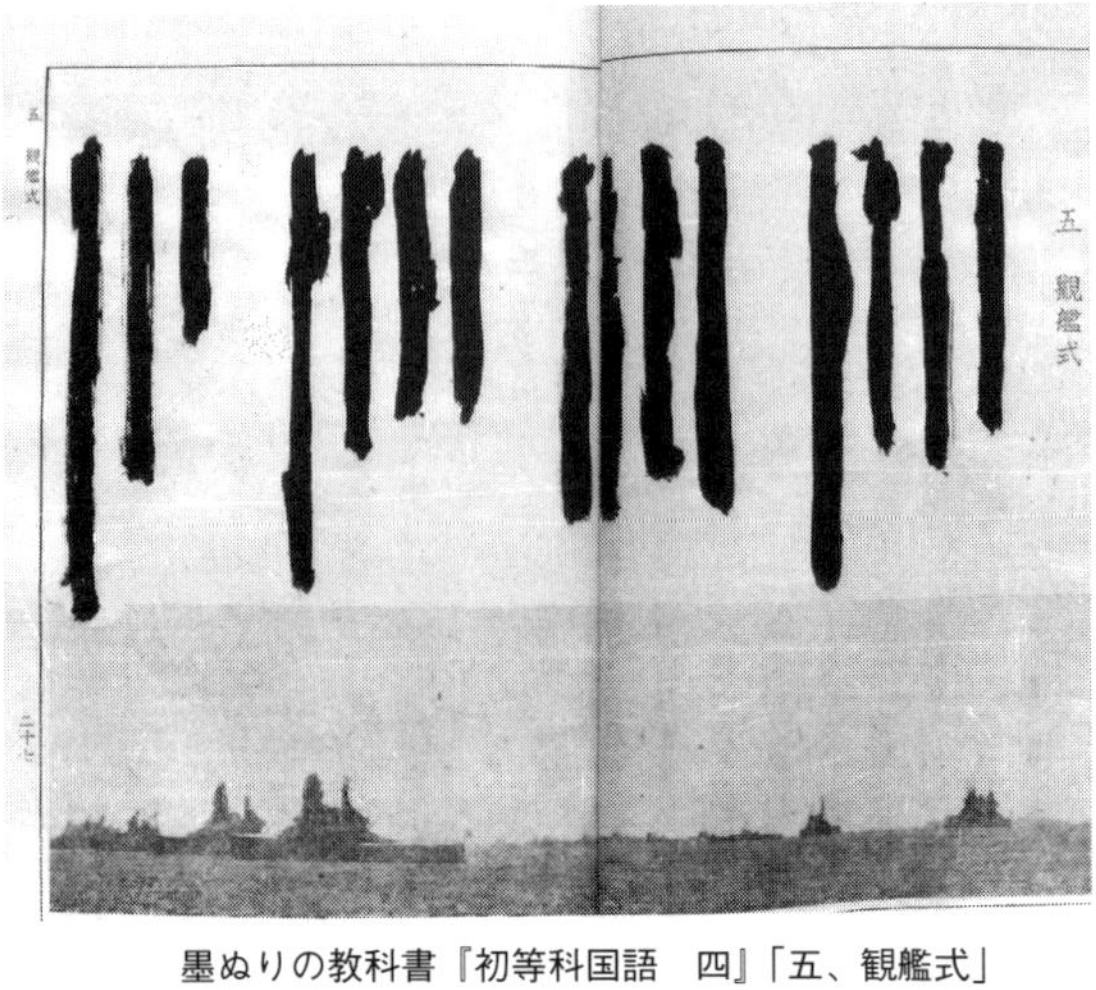

墨ぬりの教科書『初等科国語　四』「五、観艦式」

と嘆きましたが（永井健児『あゝ国民学校』朝日新聞社）、次第にそれまでの教育の誤りを自覚するようになりました。

教育基本法の制定に直接つながる教育界の動きは一九四六年三月のアメリカ教育使節団の来日からはじまります。この使節団のことは「教育勅語の廃止」の項で述べましたが、連合国軍最高司令官の要請にもとづいて、アメリカから派遣されてきた学者や教育者たち二七名。この使節団を迎えるために、日本でも教育の専門家による「日本側教育家委員会」がつくられました。使節団は日本の各地を視察したり、日本側教育家委員会と意見交換し、約一か月かけて「アメリカ教育使節団報告書」を作成しました。

その「報告書」では、それまでの日本の教育は中央集権的、官僚独善的であり、新しい教育は「個人の価値と尊厳」を承認しなければならない、また、「教師の最善の能力は、自由の空気の中においてのみ十分に現わされる。この空気をつくり出すことが行政官の仕事なのであって、その反対の空気をつくることではない」とし、文部省は日本人の精神界を支配した権力の座であったとも指摘し、権限の削減を提案しています。

この「報告書」はその後の教育改革に大きな影響を与えました。文部省はその後「新教育指針」、「学習指導要領」、「民主主義」などを発表、著作しますが、「報告書」の精神がよく受け継がれています。（一部を巻末に資料として掲載しました）

アメリカ教育使節団が来日したころ、日本の憲法改正の動きもすすんでいました。四六年二月八日に政府がＧＨＱに提出した「憲法改正要綱」（いわゆる松本烝《じょう》治《じ》草案）はほとんど明治憲法と変わっておらず、世論の批判を受けてＧＨＱが拒否。ＧＨＱから渡されたマッカーサー草案を土台にした政府の「憲法改正草案要綱」が発表されたのは三月六日。これをもとに条文化した「憲法改正草案」が枢密院（注１）で修正され、四六年六月二〇日、「大日本帝国憲法改正案」として第九〇回帝国議会に提出されました。この「改正案」には教育条項として現憲法の第二三条（学問の自由）と二六条（教育を受ける権利、義務教育の無償）に近い条項が含まれていたので、約三か月活発な議論が展開されました。その中で、教育の根本精神、教育の自主性、機会均等などの事項を含む一個条を憲法に設けたいという要望が出されました。

このような意見に対して、田中耕太郎文相は、「教育に関して一章を設けることは憲法全体のふりあいから見て不適当。……しかし教育根本法ともいうべきものを早急に立案して機会の協賛を得たい」と答えています。

憲法改正の作業と同時に、政府はアメリカ教育使節団報告書に示された教育の刷新をはかるため、さきの教育家委員会を母体にした約五〇名で、四六年八月教育刷新委員会を設置しました。この委員会のなかで、教育の根本理念、教育の基本法を研究、審議したのが第一特別委員会。第一特別委員会では一二回の会議がおこなわれ、その結果を報告書にまとめ、政府に建議しました。政府はこの建議や審議の結果を取り入れて教育基本法案を作成。四七年三月、枢密院、帝国議会（衆議院・貴族院の本会議）の議を経て教育基本法は成立したのです。三月一三日、衆議院本会議における教育基本法の提案理由並びに内容の概略で、高橋誠一郎文相（注２）は次のように述べています。

「これを定めるに当りましては、これまでのように詔勅、勅令などの形を取りまして、いわば上から与えられるものとしてでなく、国民の盛り上がりまする総意によりまして、いわば国民自らのものとして定むべきものであり……新憲法に定められておりまする教育に関係ある諸条文の精神を一層敷《ふ》えん具体化致しまして、教育上の諸原則を明示致す必要を認めたのであります。」

教育基本法は制定当初から「教育根本法」であり、憲法とは切り離すことができない、憲法の諸条項の精神を「一層敷えん具体化」するための法律だったのです。

（注1）枢密院は一八八八年に帝国憲法の草案審議のために設置された機関。天皇の任命による正副議長と顧問官（最初一二名、後に二四名）で構成。国政に関する重要なことがらを審議答申しました。内閣から独立した存在でしたが、実際は政府の意を汲んだ官僚や軍人が多数を占め、政党政治の発達を押しとどめました。新憲法の成立で廃止されました。

（注2）四六年五月二二日に成立した吉田茂内閣で文相に就任していた田中耕太郎は、四七年一月三一日の内閣改造で高橋誠一郎と交代していました。

あとがきにかえて

二〇一七年は春から大阪の森友学園で幼稚園児が教育勅語を暗誦したり、斉唱したりする光景がメディアで報じられて、教育勅語がにわかに注目を集めました。そのなかで「教育勅語の中には今日でも通用するような内容が含まれている」、「教育勅語の徳目にどこに問題があるのか」という意見も聞かれ、果ては政府も「憲法や教育基本法に反しないような形で教育に関する勅語を教材として用いることまでは否定されることではない」（三月三一日の閣議決定）とするありさまです。

ほんとうにそうでしょうか。教育勅語体制とよばれた教育は教育勅語の文言だけの問題ではありません。教育勅語や勅語体制が子どもや国民生活にどのような影響を与えたかということを考えなければ、教育勅語とは何であったかを考えたことにはなりません。戦争体験者が少なくなったことの隙をついて、憲法の戦争放棄の条項が軽んじられているのと同様、教育勅語体験を語れる人も少数となっているなかで、教育勅語を肯定する感想が語られているのではないか。「日本をとりもどす」などという声も叫ばれていますが、「教育勅語をとりもどす」とも聞こえるのは私だけでしょうか。

私はそうしたことを考える素材を提供するということを大きな目的としてこの本を執筆しました。素材を提供するとは、具体的な事例を紹介することです。私は、一九七〇年代から教育勅語や御真影にまつわる事件の取材をはじめました。教育勅語や御真影の記録を調べてみると、活字で残っている史料や記録には「粉飾」がほどこされていることが多いことを痛切に感じました。関係者が生きている間に聞き取りをしなければ、真実は歴史の闇に消されてしまうとも思いました。その結果を『「御真影」に殉じた教師たち』（一九八九年、大月書店）や『教育勅語の研究』（二〇〇一年、民衆社）などに発表してきました。前著は関係者がまだ生存していた一九七〇年代だからできた著述で、聞き取りに応じてくださった方は今では皆故人になってしまいました。現在では不可能な著作です。ですから、本書では、その旧作を生かすことを第一に考えました。本書で著述した教育勅語や御真影をめぐる事例や事件のほとんどは旧著で紹介したものを簡略化して記したものです。旧作をお持ちの方にはご海容《かいよう》いただきたく存じます。

　本書を執筆することに私をつき動かしたもう一つの動機は、昨今の教育現場の息苦しさです。息苦しさは学校儀式からはじまっていないでしょうか。「君が代」斉唱のとき、ほんとうに歌っているか口元をチェックするところもあったかに聞いています。近代日本の学校制度がはじまった明治初期にも学校儀式はありましたが、それは入学式か卒業式くらいなもの。それも時期は地域によってまちまち。この学校儀式が全国で同じパターンでおこなわれるようになったのは、すでにみてきたように教育勅語が発布されてからです。この学校儀式がもっとも重視されたのは、国民学校（太平洋戦争の時期の小学校）時代です。「国民学校令施行規則」の第一条では「儀式、学校行事等ヲ重ンジ之ヲ教科ト併《あわ》セ一体トシテ教育ノ実《じつ》ヲ挙グルニ力《つと》ムベシ」とされていました。

　儀式は、「一同礼」「一同斉唱」「直れ」や「万歳」などの号令や発声で参加者に同じ行動を要求します。同一行動をとらない人は排除され、そこには〝思想信条の自由〟がはたらく余地はありません。参加者は知らず知らずのあいだに同じ思想に染められていくのです。国家が儀式を重視するゆえんです。全体主義やファシズムを生む温床がここにあります。これが教育勅語体制がはたした歴史から学ぶ最も重要なことではないでしょうか。

現在、学校儀式が重視され、二〇一八年度から、初めて道徳が正式な教科になります。二〇一七年にはその教科書も出来、採択もおこなわれました。子どもに身につけさせたい道徳を国が学習指導要領で定め、教科書会社はその基準にならって（違反しないように）教科書を作ります。二〇一八年度の小学校の道徳の教科書は八社から発行されていますが、似たような教科書が出来てくるのは必定です。教師は創意工夫をこらして教育しようとしますから、教科書以外の副教材をつくったり、自主的な教材を使うようになるでしょう。すると、その副教材・自主教材の使用を禁止するように文部科学省は動きます。使用した教師を処分するということになる可能性も十分あります。これが戦前の教科書の歴史がたどった歩みだからです。国が児童や国民の内心にまで立ち入り、これが正しい道徳だと定めるのは正しいことではありません。教育勅語の作成に協力した井上毅が「今日ノ立憲政体ノ主義ニ従ヘバ、君主ハ臣民ノ良心ノ自由ニ干渉セズ」と言っていたことを思い出してください。世間で言われている常識（流通観念）が正しいとはかぎりません。常に「常識」を疑う心が必要です。

「天地を達観せんがためには、まず心から習慣による癖《くせ》を除去せよ、そして万物万事に疑いを発せよ。聖賢の言でなく天地（つまり自然）そのものを判断の基準とせよ」と言ったのは江戸時代中期の哲学者・三浦梅園《ばいえん》です（梅園は一七二三〜八九年、大分県国東郡生まれ。引用は『世界大百科事典』

平凡社、三浦梅園の項。島田虔次執筆)。梅園の哲学の基本は「反観合一《はんかんごういつ》」ともいわれます。ものごとは反対からも観察してみなければ真理は見えてこないという意味です。

梅園の研究者にニュージーランドのヴィクトリア大学の哲学教授・ローズマリー・マーサー女史がいました。私は、一九八〇年代初め、マーサー女史とも親交のあった哲学者の古在由重先生に誘われて日本にきていたマーサー女史に会ったことがあります。彼女は日本語が堪能でした。梅園研究のために日本語を勉強したといいます。都内の喫茶店で古在先生と話をうかがったなかで大変記憶に残っていることがあります。なぜ梅園研究に入ったのかとたずねたら、こう答えが返ってきたのです。「私の子ども時代、ニュージーランドはイギリスの植民地でした。教科書もイギリスでつくられたものが使われていました。その教科書にはクリスマスやサンタクロースの絵がよく出ていましたが、その絵はいつも雪景色です。おかしいな、クリスマスの頃はニュージーランドは夏で雪はないのに。そのとき、北半球と南半球では気候が逆になることを知りました。地球全体を知るには北半球からだけではなく、南半球からも見なければならないのです。後に哲学を勉強するようになって、このように物事を反対からも観なければほんとうの姿はわからない、と最初に言った人はだれだろうと調べてみて、三浦梅園と出会ったのです。」

日本にも傑出した思想家・哲学者がいたのです。三浦梅園からも学ばなければなりません。

明治期以後、教育勅語・御真影政策をもっとも強く批判していたのは、柏木義円《かしわぎぎえん》(一八六〇〜一九三八年)だと思います。彼は新島襄《にいじまじょう》などの影響を受けたキリスト者。一時期教職にもつきましたが、永く群馬県の安中《あんなか》教会の牧師でした。彼は一八九八年に発刊し一九三六年四五九号で廃刊した『上毛教界月報』の編集、執筆にあたり、約四〇年間にわたり一貫して非戦争論、平和論を訴えつづけました。一つだけ彼の論調を紹介します。

「失火の際御真影を救い出さんとして焚死《ふんし》（焼死）したる者や、御真影を焼失して其の責めを引いて割腹《かっぷく》したる校長など有之《これあり》、識者をして窃《ひそ》かに眉《まゆ》を顰《ひそ》めしめ候処《そうろうところ》、当路（事）者は之《これ》に顧《かえり》みて爾来《じらい》堅牢なる奉安所を造って之に安置し以て安全なりと致しおり候。にも拘《かか》わらず反《かえ》って今は往々之を盗み出す者有之《これあり》（此の種の記事は多くは新聞に掲載を禁じられおり候）、甚だしきに至っては盗み出して焚棄《ふんき》（焼き捨て）致したる者さえ有之《これあり》候。此れ全く責任者に怨《うら》みある者が之を陥《おとしい》るの手段と為《な》せしものに外ならず候。（中略）

徳川十一代将軍家斉《いえなり》の時、江戸城の天守閣炎上致せしこと有之、折柄《おりから》徳川重代の宝物此処に蔵《ぞう》しありしを、火焔を冒《おか》して之を救出せしもの有之、災後奇特の行為として之に恩賞を与えんとの議閣老の会に上がり候時、家斉は宝物貴しと雖《いえど》も人命の貴きに若《し》かず、今之に恩賞を与えて他日死を冒《おか》して宝物を救い出すの端を啓《ひら》かば由々《ゆゆ》敷《しき》事なりとて、断然其の議を却《しりぞ》け候由《よし》。流石《さすが》事の軽重を弁《わきま》え、人君の識量を備えたる者と存じ候。明治大正の当路（事）者には家斉丈《だけ》の識見さえ無之《これなき》候や。」

（『上毛教界月報』一九二三年一〇月一五日号）

続いて最後に、もう一つ柏木義円のことばを引いて筆をおきます。

「トルストイ伯曰《いわ》く、『現今の教育学の、如何にせば児童に善良なる感化を与うるを得可べきかと言う事を研究する一に科学に外ならず、自己の性格を高尚ならしむ可く勉むることをせずして、只《ただ》他人を教え他人の性格を高尚にせんとのみ勉むる者に取っては、教育と言う事は実に複雑にして困難此の上なき事業と見ゆるならん。然るに若《も》し一度自己教育と言う事に気付きたる上は、此の大困難は釈然として氷解し、問題は至極簡単なるものとならん云々』、孔子嘆じて曰く『古《いにしえ》の学者は己《おのれ》の為にし今の学者は人の為にす』と。トルストイ伯の言は、確かに我が国現今教育界の時弊に当れりと言う可し。」(『上毛教界月報』一九〇三年八月一五日号)

●資料　**文部省「新教育指針　第一分冊」**(一九四六年五月)

日本国民は合理的精神にとぼしく科学的水準が低い。ひはん的精神に欠け、権威にもう従しやすい国民にあっては、物事を道理に合せて考へる力、すなはち合理的精神がとぼしく、したがつて科学的なはたらきが弱い。(中略)これまでの国史の教科書には、神が国土や山川草木を生んだとか、をろちの尾から剣が出たとか、神風が吹いて敵軍を滅ぼしたとかの神話や伝説が、あだかも歴史的事実であるかのやうに記されてゐたのに、生徒はそれを疑ふことなく、その真相やその意味をきはめようともしなかつた。このやうにして教育せられた国民は、竹やりをもつて近代兵器に立ち向かはうとしたり、門の柱にばくだんよけの護り札をはつたり、神風による最後の勝利を信じたりしたのである。(中略)かうしたひとりよがりの態度は、やがて日本国民全体としての不当な優越感ともなつた。天皇を現人神《あらひとがみ》として他の国々の元首よりもすぐれたものと信じ、日本民族は神の生んだ特別な民族と考へ、日本の国土は神の生んだものであるから、決して滅びないと、ほこつたのがこの国民的優越感である。そしてつひには「八紘為宇《はっこうゐう》」といふ美しい言葉のもとに、日本の支配を他の諸国民の上にも及ぼさうとしたのである。

●資料　文部省「学習指導要領　一般編」「序論　なぜこの書はつくられたか」（一九四七年三月二〇日）

これまでの教育では、その内容を中央できめると、それをどんなところでも、どんな児童にも一様にあてはめて行こうとした。だからどうしてもいわゆる画一的になって、教育の実際の場での創意や工夫がなされる余地がなかった。このようなことは、教育の実際にいろいろな不合理をもたらし、教育の生気をそぐようなことになった。たとえば、四月のはじめには、どこでも桜の花のことをおしえるようにきめられたために、あるところでは花はとっくに散ってしまったのに、それをおしえなくてはならないし、あるところではまだつぼみのかたい桜の木をながめながら花のことをおしえなくてはならない、といったようなことさえあった。（中略）そのようなやり方は、教育の現場で指導にあたる教師の立場を、機械的なものにしてしまって、自分の創意や工夫の力を失わせ、ために教育に生き生きした動きを少なくするようなことになり、時には教師の考えを、あてがわれた型どおりにおしえておけばよい、といった気持におとしいれ、ほんとうに生きた指導をしようとする心持を失わせるようなこともあったのである。（中略）型のとおりにやるなら教師は機械にすぎない。そのために熱意が失われがちになるのは当然といわなければならない。これからの教育が、ほんとうに民主的な国民を育てあげて行こうとするならば、まずこのような点から改められなくてはなるまい。

●資料　**文部省「民主主義　下」「第十四章　民主主義の学び方」**（一九四九年八月二六日）

これまでの日本の教育は、一口でいえば、〈上から教えこむ〉教育であり、〈詰めこみ教育〉であった。先生が教壇から生徒に授業をする。生徒は一生けんめいで暗記して試験を受ける。生徒の立場は概して受身であって、自分で真理を学びとるという態度にならない。（中略）そのうえに、もっと悪いことには、これまでの日本の教育には、政府のさしずによって動かされるところが多かった。（中略）がんらい、そのときどきの政策が教育を支配することは、大きなまちがいのもとである。政府は、教育の発達をできるだけ援助すべきではあるが、教育の方針を政策によって動かすようなことをしてはならない。（中略）ことに、政府が、教育機関を通じて国民の道徳思想をまで一つの型にはめようとするのは、最もよくないことである。今までの日本では、忠君愛国というような〈縦の道徳〉だけが重んぜられ、あらゆる機会にそれが国民の心に吹きこまれてきた。そのため、日本人には、何よりもたいせつな公民道徳が著しく欠けていた。

いまなぜ教育勅語か――刊行によせて

堀尾　輝久

1　この企画を出版社の三井隆典さんから伺った時、これは岩本さんだと直感し、推薦しました。

岩本さんは大学で日本教育史を専攻した後、出版社関連の研究・企画部に勤務、子どもや教師むけの出版物作りに携わり、その後転じた大学では社会科教育法などを担当し、生活を通し、歴史を通して社会を学ぶ教育に取り組んできました。日本の近代化の過程に関しても、それを帝国憲法・教育勅語体制と捉える視点に重ねて、それが学校の先生にどういう力をもちその生活に影響をあたえ、生徒たちにどういう影響をあたえたのか、与えなかったのかを問題にし、名著『教育勅語の研究』と『「御真影」に殉じた教師たち』という作品を著し、教育史研究はもとより、政治史にたいしても、新鮮な問題提起の書として迎えられました。

岩本さんは家永三郎先生との交流を通して、家永さんの信頼も厚く、日本文化とりわけ庶民文化への造詣の深さを引き出す仕事（家永・日本文化史十二講）にも関わってきました。思想史を専門とする私も、岩本さんの生活史を通して歴史を見る視点から多くのものを学んできました。

本書を通読して、改めて、天皇制国家がいかにして造られ、それが教育を通して庶民の価値意識のなかに食い込み、指導的な役割りをはたすようになっていったかが、校長等の中間的支配層のご真影や教育勅語、それを奉置する奉安殿への立ち居振る舞いを通し、イメージ化されて理解できます。その視野は、沖縄を含み、さらに植民地台湾にも及んでいるのです。国家主義、軍国主義を隅々まで浸透させるための教育勅語体制づくりがここまで及んでいたのかと、改めて思い、戦前の「教育」の力を感じるとともに、それが子どもたちの豊かな人間性を育むことから遥か遠くにあったことを考えさせてくれます。

2　戦後70余年の今日、改めて教育勅語が問題になっているのはなぜなのか。安倍内閣は、軍国主義教育を推進し、侵略戦争に国民を駆り立てる役割を果たした戦前の「教育勅語」を、学校で使うことを認めるといいだしました。「戦争する国づくり」に向けて、〝お国のために尽くす〟という「愛国」の精神を子どもたちに植え込もうという危険な動きです。

安倍首相は第1次内閣で、教育基本法を改悪し、国策に従う「人づくり」に踏み出し、ゆがんだ愛国心を教える教科書づくり、特定の価値観を国家が押し付ける「道徳の教科化」を進めてきました。教育勅語についてはこれまでも、閣僚たちは、その徳目にはよいところもあるといってきましたが、安倍首相の僚友下村文科大臣は「全部いい」といいました。教育勅語の使用を可とする閣議決定もその一環であり、改憲へむけての動きと深く結びついているのです。

国有地の不当な払い下げで問題となった森友学園の幼稚園では園児が教育勅語を暗誦し、安倍首相を讃える場面がTV放映され、ここまで来たのかと驚かされました。

3　しかし、戦前の戦争への反省と平和への願いを込めて制定されたのが、日本国憲法であり教育基本法でした。

戦後の教育は、「憲法の精神の実現は教育の力にまつ」とする教育基本法を定め、「真理と平和を希求する人間の育成」をめざし、人格の完成と平和・民主国家の形成者をつくることを目的に掲げ、平和教育、民主教育が実施されてきました。教育勅語は憲法の精神に反するものとして、国会で、排除（衆院）失効（参院）の決議がなされたのです。勅語という形式と国家主義・軍国主義につながる内容が、国民主権と民主主義・平和主義に反するとされたのです。

しかし、1955年の自由民主党は憲法改正を党是とし、その前年の池田・ロバートソン会談（密約）の線に沿って再軍備のために平和教育の見直しを図り、愛国心の教育を進めてきました。この動きへの国民の反対は強く、政府は解釈改憲と教育への行政指導の強化を進めてきましたが、政府としては改憲を提起できませんでした。

4　しかし安倍内閣の掲げる「戦後レジームから脱却」は憲法・教育基本法体制からの脱却を目指すものでした。第1次安倍内閣は教育基本法を全面改悪（2006年）しましたが、これは憲法改正へ向けての重要な段取りでした。自民党は2012年に憲法改正案を発表しますが、前文・9条の改正だけでなく、国民主権を歪め、人権に公益・国益の視点から制約を加えるもので、このような改憲の動きは、教育勅語の復活とも結びつき、戦後の歩みを否定し、逆行させることにほかなりません。そこには国を親とする家族国家観と国家有事に際しては国家のために身を尽くすという教育勅語の目的が見え隠れしています。「美しい日本」の復活という言葉がこれに重なり、戦前の歴史をゆがめ、教育をゆがめ、隣国への侵略や植民地支配の事実にたいしても、目をふさぐことになるのです。

安倍内閣は集団的自衛権を容認し、軍事同盟を認める安保法制を強行成立（2015年）させました。安倍首相は前文・9条の平和主義を、「他国任せの惨めな憲法だ」とのべていますが、牽強付会の解釈も甚だしい。彼は「積極的平和主義」の名で自衛隊を海外に派遣し、同盟国と一緒に戦争できる国にしようとしていますが、9条を守り、9条の精神で世界の平和をつくることこそ、「積極的平和主義」です。

5　米・朝の緊張は戦争の危機を深めていますが、他方で国連では、2016年末の平和への権利宣言採択に続いて、2017年の7月には核兵器禁止条約が採択され、それに貢献したICANがノーベル平和賞を受賞しました。9条改悪・日米軍事同盟強化の道は世界の平和への動きに逆行するものです。

平和の危機に対して、私たちは憲法前文と9条の精神を生かした「地球憲章」をつくり、非戦・非武装・非核の世界をめざす市民運動を始めました。アジア・アフリカを含む各地・各国の著名人や友人から「9条は世界の宝です」「アジア2千万の犠牲者に対する国際公約を軽々に変えないで」との声が寄せられています。アメリカの平和を求める退役軍人の会（VFP）も共感し、賛同してくれています。

戦争はしない、そのために武力も持たないと誓った9条は、日本の平和だけでなく世界すべての平和を求めるもので、それなくして自国の平和も保てないという思想に立っています。

哲学者のカントは「永久平和は空疎な理想ではなく、われわれに課せられた使命である」と述べています。憲法前文は「日本国民は、国家の名誉にかけ、全力をあげてこの崇高な理想と目的を達成することを誓う」と結んでいます。9条改憲を許さず、平和な日本と世界を実現することこそ私たちの使命です。真理と平和を希求する人間の育成を目指す教育なしにはそのことは不可能です。

日本史の近・現代の教育では、教育勅語を軸とする戦前の教育を歴史的事実として、その意味と果した役割が伝えられ、戦後改革と憲法・教育基本法の歴史的意義を自分たちで考える教育こそが求められています。本書の意義もそこにあるのです。

2017年12月8日

岩本 努（いわもと・つとむ）
早稲田大学大学院文学研究科教育学専攻博士課程修了。立正大学、中央大学、法政大学、都留文科大学の各講師を歴任。著書に、『「御真影」に殉じた教師たち』（大月書店）、『教育勅語の研究』（民衆社）、共著に『日本の子どもたち－近現代を生きる 第３・５巻』（日本図書センター）、『あたらしい歴史教育 第３巻』（大月書店）、『教育の「靖国」』（樹花舎）など。

たけしま さよ
イラストレーター、マンガ家。著書に、『マンガ おひとりさまの遠距離介護けもの道』（メディカ出版）、漫画集『クリムゾン』（東京三世社）、四コマ漫画集『愛ちゃんの神戸巡回日記』（長征社）など。

堀尾 輝久（ほりお・てるひさ）
東京大学名誉教授。日本教育学会会長、日本教育法学会会長、総合人間学会会長、民主教育研究所代表などを歴任。著書に、『現代教育の思想と構造』（岩波書店）、『天皇制国家と教育』（青木書店）、『教育入門』、『現代社会と教育』（以上、岩波新書）、『未来をつくる君たちへ』（清流出版）など。

13歳からの教育勅語―国民に何をもたらしたのか

2018年3月1日　第1刷発行
著　者　© 岩本 努
発行者　竹村正治
発行所　株式会社かもがわ出版
〒602-8119　京都市上京区堀川通出水西入
TEL075-432-2868　FAX075-432-2869
振替 01010-5-12436
ホームページ http://www.kamogawa.co.jp
製作　新日本プロセス株式会社
印刷　シナノ書籍印刷株式会社

ISBN978-4-7803-0952-2　C0037